中等职业教育"十三五"规划教材

U0653941

经济政治·职业生活

主编 李姣尧 任小琳

上海交通大学出版社
SHANGHAI JIAO TONG UNIVERSITY PRESS

内容提要

　　本书主要立足于中职学生现实的生活经验,将经济政治等理论知识与职业生活相结合,有利于学生开阔视野、丰富知识,正确认识现实生活中常见的经济和政治现象,获得参与现代经济生活和政治生活必要的知识和技能,从而提高学生的思想政治和文化素质,增强就业竞争力。

图书在版编目(CIP)数据

经济政治·职业生活/李姣尧,任小琳主编,一上海:上海交通大学出版社,2015
ISBN 978-7-313-13073-0

Ⅰ.①经… Ⅱ.①李…②任… Ⅲ.①政治经济学课—中等专业学校—教材 Ⅳ.①G634.231

中国版本图书馆 CIP 数据核字(2015)第 117401 号

经济政治·职业生活

主　　编:李姣尧　任小琳			
出版发行:上海交通大学出版社		地　　址:上海市番禺路 951 号	
邮政编码:200030		电　　话:021-64071208	
出 版 人:韩建民			
印　　制:上海景条印刷有限公司		经　　销:全国新华书店	
开　　本:787 mm×960 mm　1/16		印　　张:7.75	
字　　数:96 千字			
版　　次:2015 年 6 月第 1 版		印　　次:2015 年 6 月第 1 次印刷	
书　　号:ISBN 978-7-313-13073-0/G			
定　　价:25.00 元			

前　言

　　中国共产党在建设社会主义过程中，经过不懈的探索和实践，将一幅中国特色社会主义事业总体布局的蓝图清晰地呈现于世人面前：中国特色社会主义是经济建设、政治建设、文化建设、社会建设以及生态文明建设五位一体全面发展的新格局。新的战略布局正引领着中国这艘巨轮朝着更加富强、民主、文明、和谐的方向奋勇前进。新的历史背景下要求人们全面提高自身素质，特别是提高思想道德素质，努力为社会主义现代化建设作出应有的贡献。掌握经济与政治知识，对提高思想道德素质有着重要的作用。什么是经济？什么是政治？学习经济和政治知识与职业生活有什么关系？

　　提到经济，有人就会觉得深奥莫测。其实不然，经济并不是玄妙的、不可捉摸的。从家庭和个人的角度来看，柴米油盐，水、电、天然气都得花钱购买。青少年学生当前的生活依靠父母，将来参加工作，不同的岗位、不同的社会贡献也会有不同的收入。每个家庭收入的开支，不可能一分钱不多、一分钱不少。钱不够用的时候应该怎么借贷，有余钱的时候应该怎么投资。从国家和社会的角度来看，情况就更复杂了。农民生产出粮食、蔬菜、水果、肉类、禽蛋和棉花；工人生产出食品、布匹、机床、煤炭和汽车。有的厂家盈利，有的却在亏损。在农村，有的时候卖猪难，有的时候卖猪易。这些都是经济现象。

在现代社会中,每个公民与政治也有着密切的联系。从日常生活看,新生婴儿要向派出所登记户口,行人过马路要看红绿灯,居民遭遇盗窃可以报警,学生升高中、上大学要参加政府组织的考试等,这些都与政治有关;从整个社会看,社会秩序的好坏,生活环境的优劣,人民生活水平的高低,国家综合国力的强弱,也都涉及政治。总之,人们的生活离不开政治。经济和政治生活是整个社会生活的组成部分,每个人都置身于经济和政治生活之中。

学习经济和政治知识,有利于我们开阔视野、丰富知识、正确认识现实生活中常见的经济和政治现象,获得参与现代经济生活和政治生活必要的知识和技能,从而提高我们的思想政治和文化素质,增强就业竞争力。

本书编写人员长期从事一线教学工作,有较为丰富的教学经验,较好的教学研究和教材改革及编写基础。本书主编为保定一中李姣尧、保定市第四职业中学任小琳,副主编为冀州市职业技术教育中心刘梅慈,参编人员有保定一中刘丽伟、李文斌、成亚勤,冀州市职业技术教育中心李群。限于编者的能力水平有限,书中难免存在纰漏和不足,敬请读者和专家提出宝贵意见,以便我们不断改正。

编　者

2015 年 6 月

目　录

第一章
社会再生产与职业选择

物质资料的生产是人类社会存在和发展的基础。物质资料在生产过程中的不断重复和更新,被称为再生产。社会再生产过程包括生产、分配、交换、消费这样相互联系的四个环节。其中,生产是起决定作用的环节。分配和交换是连接生产与消费的桥梁和纽带,对生产和消费有着重要的影响。消费是物质资料生产总过程最终的目的和动力。

第一节　理性消费,利国利民

消费是我们日常生活中不可缺少的一部分,而消费离不开货币。货币到底是什么? 货币为什么会有如此神奇的力量? 我们应当如何理性地认识和对待它呢? 消费有哪些类型? 本节从这些问题出发,探究怎样树立正确的金钱观和消费观。

一、树立正确的金钱观

(一) 揭开货币的神秘面纱

古人云:"钱有两戈,伤尽古今人品。"

有人说:"金钱不是万能的,但没有金钱是万万不能的。"

——金钱是什么?

——是魔鬼还是天使?

你是如何认识金钱的?

在日常生活中我们几乎天天与货币打交道。我们用货币从市场上购买我们需要的物品。这些物品是人们耗费一定的劳动生产出来的。人们生产这些物品不是为了自己使用,而是为了拿到市场上去交换。这些用于交换的劳动产品,就是商品。

小明过生日时,他的妈妈亲手织了件毛衣送给他作为礼物,他的同学小刚从商店买来礼物送给他。

这两种礼物都是商品吗? 它们的主要区别是什么?

在现代社会中,购买商品需要货币,商品和货币似乎是一对孪生兄弟。其实,货币的出现要比商品晚得多。货币既不是神创造的,也不是圣贤发明的,而是商品交换发展到一定阶段的产物。最初的商品交换是物物交换,出现在原始社会末期。随着生产力和社会分工的发展,交换越来越频繁,交换的范围越来越广,交换的商品种类越来越多,交换的难度也越来越大。因为物物交换成功的前提是交换双方恰好都需要对方的商品,这需要花费很多的时间去寻找,或者经过一系列复杂的过程才能实现。

如果有一名生产者想用羊交换石斧,但有石斧的一方却不需要羊,而希望用石斧换布,布的持有者需要交换的又是盐,盐的持有者才需要交换羊。遇到这种情况,羊的持有者就得先用羊换成盐,再用盐换布,再用布换石斧,几经周折,才能实现预期的交换目的(图1)。

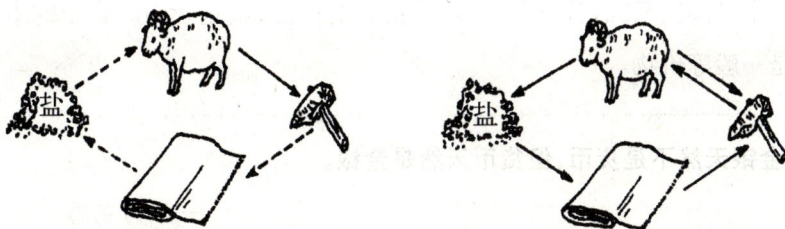

图1

在长期的交换过程中,人们找到了克服"商品—商品"交换困难的办法,这就是先把自己的东西换成市场上大家普遍乐意接受的商品,然后再用这种商品去换取自己所需要的东西。这种大家普遍乐意接受的商品便称为一般等价物,它能表现其他一切商品的价值,充当商品交换的媒介。

人们购买牛奶、盐、矛头、咖啡、红珍珠,是因为它们能满足人们的某种需要。商品的这种能够满足人们需要的属性就是商品的使用价值。

这些不同的商品能够进行交换,是因为它们都是劳动产品,生产它们都耗费了人的体力和脑力,即无差别的人类劳动。商品交换实质上是商品生产者之间的劳动交换。凝结在商品中的无差别的人类劳动就是商品的价值。

你能从上述材料中体悟出商品的基本属性吗?

图2

历史上充当过一般等价物的商品很多,早期有牲畜、布帛、贝壳等。后来,贵金属金银由于有体积小、价值大、易于分割、不易磨损、便于保存和携带等特点,逐步地从商品中分离出来,固定地充当了一般等价物。从商品中分离出来固定地充当一般等价物的商品,就是货币。货币的本质就是一般等价物。

> **金银天然不是货币,但货币天然是金银。**
>
> ——马克思

(二) 正确对待金钱

挪威剧作家易卜生说过:"钱能买来食物,却买不来食欲;钱能买来药品,却买不来健康;钱能买来熟人,却买不来朋友;钱能带来奉承,却带不来信赖……"

拿破仑曾拥有许多人梦寐以求的东西——荣耀、权力、财富,他却说:"我这一生从来没有过一天快乐的日子。"

海伦·凯特——个双目失明的聋哑人,她却表示:"我发现生命是这样的美好。"

——钱能做什么?

——钱不能做什么?

从起源看,货币是商品交换长期发展的产物;从本质看,它是固定充当一般等价物的商品;从职能上看,它具有价值尺度和流通手段两个基本职能。货币产生以后,商品的价值都可以由货币来体现,一切商品首先同货币交换,一个人手里有了货币可以购买到一切商品,货币成为社会财富的一般代表。在一定意义上,货币是财富的象征。在社会主义初级阶段,仍然存在着商品货币关系,生产、分配、交换、消费等各种经济活动,这些都离不开货币。于是,有人认为货币具有某种神秘的力量,可以使人拜倒在货币的脚下。

2013 年全 7 月 8 日,北京市第二中级人民法院对原铁道部部长刘志军受贿、滥用职权案作出一审宣判,对刘志军以受贿罪判处死刑,缓期二

年执行,剥夺政治权利终身。北京市第
二中级人民法院经审理查明:1986年
至2011年,刘志军在担任郑州铁路局
武汉铁路分局党委书记、分局长、郑州
铁路局副局长、沈阳铁路局局长、原铁
道部运输总调度长、副部长、部长期间,
利用职务便利,为邵力平、丁羽心等11
人在职务晋升、承揽工程、获取铁路货

图 3

物运输计划等方面提供帮助,先后非法收受上述人员给予的财物共计折
合人民币6460万余元。北京市第二中级人民法院认为,检察机关指控刘
志军犯受贿罪,数额特别巨大,情节特别严重,遂依法作出上述判决。

结合上述事例说明"金钱万能论"的危害。

货币(钱)本身并没有意志和感情,它可以为做好事的人服务,也可以
为做坏事的人效劳。钱既不是众善之门,也不是万恶之源,问题在于它处
在什么社会制度之下,怎样获取金钱,钱掌握在什么人手里,怎样利用它。

凭借诚实劳动和合法经营取得的财富,受国家保护。对有突出贡献
的人,国家予以表彰、鼓励。袁隆平因为超级稻的研究成果,王选因为告
别铅与火的印刷术革命,各获得奖金500万元的"国家最高科学技术奖",
赢得了国人敬佩和赞叹的目光。

然而,古今牟取不义之财者也不少,贪污受贿、行窃抢劫、走私诈骗、
掺杂使假等敛财手段,无所不用其极。从刘青山、张子善,到胡长清、成克
杰,一个个因追求不义之财而倒在断头台上的死囚,以污浊的行为将自己
钉在耻辱柱上。这些葬身钱眼中的血淋淋的事实,令人触目惊心。

——金钱应该如何获得?

——什么是取之有道?为什么要取之有道?

对于金钱，要取之有道。用正当手段赚钱、靠诚实劳动和合法经营致富，是受国家法律保护的；不义之财终被夺，靠非法手段牟取钱财，绝没有好下场。

呼和浩特原市委书记牛玉儒是党的好干部、人民的好公仆。2004年春节前夕，他给残疾人老孙家送来3 000元民政慰问金。当得知老孙上大学的女儿因没有学费而想辍学时，牛玉儒带头和大家一起捐款5 000元，并鼓励她咬牙也要把大学念完。

牛玉儒生活俭朴。羊毛衫破了，穿在西服里看不出来，就一直穿；饭菜经常是黄瓜蘸酱、小葱拌豆腐、炒土豆丝。

一天，牛玉儒打车去商场，司机老杨认出了他，向他反映百姓上公厕难的问题。牛玉儒郑重地说："放心吧，你说的事很快就会解决。"不久，全市各主要街道的厕所多了起来并且免费开放。

牛玉儒说："公园是供大家休闲娱乐的场所，不能因为一块钱的门票，把大家拒之门外。我们搞改革、搞建设，就是要大家享受到社会发展的成果。"2003年9月，呼和浩特市所有的公园都免费开放了，来公园散步的市民的笑脸与红花、绿草、白鸽、凉亭相互映衬，格外灿烂。

——钱应该怎么用？用到什么地方？

——为什么要用之有度？你的零花钱应该怎么花？

对于金钱，要用之有益、用之有度。要把钱用到最需要的地方，用于做最有意义的事。"一粥一饭，当思来之不易；半丝半缕，恒念物力维艰。"花钱要有节制，要分轻重缓急，能够节省的要节省。少花钱多办事、办好事，就能让钱发挥更大的作用。

如何看待金钱,如何获取金钱,如何使用金钱,体现出不同的金钱观。正确的金钱观指导我们通过合乎道德与法律的正当途径挣钱,把钱用到有利于国家社会、有利于他人的地方,用到有利于全面发展自己、实现人生价值的地方。树立正确的金钱观能使我们的灵魂更纯洁,道德更高尚,人生更有意义。

二、把握价值规律

(一)价值规律的基本内容和表现形式

苹果遭雹灾减产,价格远远高于往年;发生禽流感的时期,鸡肉的价格一跌再跌。在秋冬换季时,皮衣能卖上好价钱,在夏天却无人问津,不得不打折出售;同一种西瓜,刚上市时每千克能卖到几元钱,大量上市后每千克只卖一元。

导致价格变动和差异的因素是什么?

市场上同一种商品的价格,有时高、有时低。不同商品的价格各不相同,甚至差异很大。到底是什么因素引起了价格的变动呢?它们的变动是否有规律可循呢?价值规律是商品经济的基本规律,是商品生产和商品交换的客观规律。

引起价格变动和差异的因素有很多,如气候、时间、地域、生产条件、政策等,甚至宗教信仰、习俗等文化因素也能对价格产生影响。各种因素对商品价格的影响,是通过改变该商品的供求关系来实现的。

商品的供求影响商品的价格:当供不应求时,商品短缺,购买者争相购买,销售者趁机提价,买方不得不接受较高的价格以满足自身的需要,于是出现"物以稀为贵"的现象。这就是所谓的卖方市场。当商品供过于求时,商品过剩,销售者竞相出售,购买者持币观望,卖方不得不以较低的价格处理他们过剩的存货,于是出现"货多不值钱"的现象。这就是所谓的买方市场。

名词点击

卖方市场　买方市场

卖方市场,是由卖者起主导作用的一种市场类型。由于供不应求,卖方在市场交易中处于有利地位,即使提高价格也能把商品卖出。

买方市场,是由买者起主导作用的一种市场类型。由于供过于求,买方在市场交易中处于有利地位,价格通常趋于下降。

即使供不应求,一辆普通自行车的价格再涨,也不会比一辆汽车的价钱高;即使供过于求,一台彩电电视机的价格再降,也不会比一台收音机便宜。

决定价格既不能无限上涨,也不能无限下跌的原因是什么?

虽然价格的变动受到供求关系的影响,但商品价格最终是由价值决定的。价值是价格的基础,价格是价值的货币表现。商场里各种商品的价格高低不等,首先是因为它们所包含的价值量不同。在其他条件不变的情况下,商品的价值量越大,价格越高;商品的价值量越小,价格越低。

商品的价值量不是由各个商品生产者所耗费的劳动时间决定的,而是社会必要劳动时间决定的。社会必要劳动时间,是指在现有的社会正常的生产条件下,在社会平均的劳动熟练程度和劳动强度下,制造某种商品所需要的劳动时间。

相关链接

社会必要劳动时间的内容主要有以下几个方面:

（1）现有的社会生产条件,既不是指过去的,也不是指将来的,而是指现在的。

（2）社会正常的生产条件,是指某一生产部门里,生产绝大部分同类产品的条件。生产条件主要是指劳动工具。

（3）社会平均的劳动熟练程度和强度,是指某一生产部门里,绝大多数同类产品的生产者的劳动技术水平和劳动紧张程度。

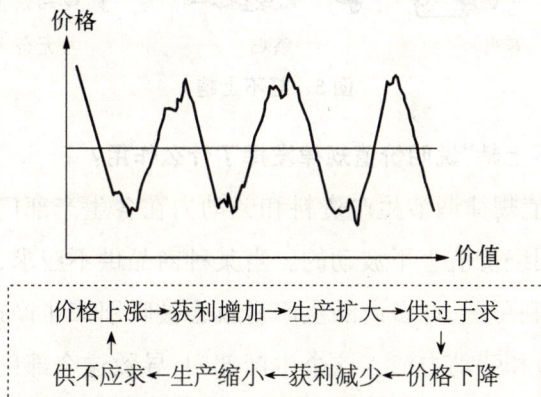

图 4

由于供求关系不断变化,商品的价格有时高于价值,有时低于价值。供不应求时价格高于价值;供过于求时,价格低于价值。但是,价格既不可能无限上涨,也不可能无限下跌,而是以商品的价值为基础,始终围绕着价值上下波动。从单个交换的过程来看,价格时涨时落,但从一段较长的时间来看,商品的价格总的来说仍然与价值相符合。

商品的价值量由生产该商品的社会必要劳动时间决定,商品交换以价值量为基础实行等价交换,是价值规律的基本内容。商品价格受供求关系的影响,围绕价值上下波动,则是价值规律的表现形式。

（二）价值规律的作用

价值规律是商品经济的基本规律,哪里存在商品的生产交换,价值规律就在哪里起作用。

养鸡   杀鸡   无奈

图 5   赶不上趟

图 5"赶不上趟"说明价值规律发挥了什么作用?

第一,价值规律调节生产资料和劳动力在各生产部门的分配。商品的价格是围绕价值上下波动的。当某种商品供不应求、价格高于价值时,由于有利可图,许多商品生产者就会被吸引来生产这种商品,从而使生产资料和劳动力流入这个生产部门,导致这个部门生产的扩大和产品供应的增加。反之,当某种商品供过于求,价格低于价值时,由于无利可图甚至亏本,许多商品生产者就会减少或放弃这种商品的生产,从而使某些生产资料和劳动力从这个生产部门流出,导致这个部门生产规模的缩小和产品供应的减少。

> 资本是不断地从一个生产部门向另一个生产部门流出或流入的。价格高就引起资本的过分激烈的流入/价格低就引起资本的过分激烈的流出。
>
> ——马克思

某省的一些地方,数量有限的苹果苗在骤然兴起的栽培种植热中,株价一度高达 4 元。某村一些农户,仅育苗这一项收入,少的也有三四万元,有的则高达 10 万〜20 万元。在高额收入的诱惑下,众多果农不惜投巨资大种特种。数年后,果苗价格急转直下,数以亿计的优质红富士等矮化苹果树苗,尽管降至每株几分钱也无人问津,相当一部分果树苗只好晒干当柴烧。此后,他们又奔赴市场,了解行情,搜集市场商品供求和价格信息。有的人改行建造蔬菜大棚,为城镇供应鲜菜;有的购置了汽车,搞起了货物运输;有的又引进新的优质苹果树苗,继续生产经营苹果。

第二,价值规律刺激商品生产者改进生产技术,改善经营管理,提高劳动生产效率。根据价值规律的要求,商品是按照社会必要劳动时间所决定的价值量进行交换的。因此,某个商品生产者如果率先改进技术设备,经营管理先进,劳动生产效率比较高,生产商品的个别劳动时间就低于社会必要劳动时间,因而在交换中就获利较多。反之,那些劳动生产效率较低,个别劳动耗费较高的生产者,便只能获得较少的收入,甚至不能弥补自己的劳动耗费。这种情况必然会刺激商品生产者努力改进生产技术,改善经营管理,提高劳动生产率。

获得额外收益,是商品生产者改进技术、改善经营管理、提高劳动生产率的内在动力,商品生产者之间的激烈竞争则是其外在压力。在这种情况下,必然促进社会生产力的巨大发展。在历史上,铝制品曾是一种昂贵的物品,铝比金还难获得,因而才有了拿破仑铝碗、军旗铝星和沙皇铝奖杯的故事。19 世纪末发明了电解制铝的方法,铝的劳动生产率翻了数倍,只要花费较少的劳动时间就可以获得大量的铝。如今,1 克金的价值要比 1 克铝的价值高多了。又如,长期以来,印刷行业一直是铅字排版。20 世纪 80 年代,出现了电子计算机排版,劳动生产率成倍提高,使印刷业的面貌得到了根本改观。

第三,价值规律促使商品生产者在竞争中优胜劣汰。商品生产者的生产条件各不相同。生产条件好的生产者,生产商品的个别劳动时间低于社会必要劳动时间,因而获利较多,能够不断扩大生产,更新设备,进一步改善生产条件,在竞争中处于更加有利的地位,不断地因优取胜。生产条件差、经营管理水平低的生产者,无力改善生产条件,处境更加不利,在竞争中就会遭到失败,以致被淘汰。

> 科学技术是第一生产力。
>
> ——邓小平

三、做理智的消费者

(一)生活消费的类型与变化

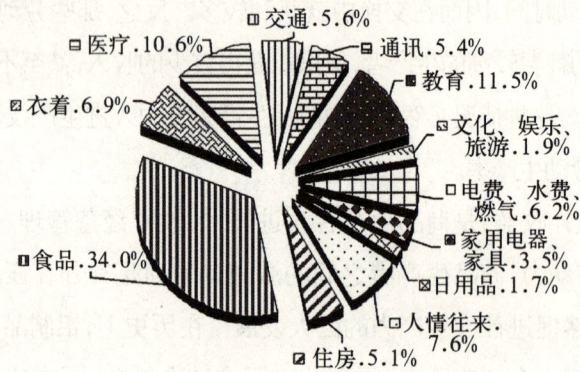

图6

结合上图谈谈自己的家庭消费。尝试对生活消费进行分类。

家庭消费又称居民消费或生活消费,是人们为了生存和发展,通过吃饭穿衣、文化娱乐等活动,对消费资料和服务的消费。人们在消费过程中,个人需求得到了满足;而消费的结果,生产出了人的体力和智力,生产出了劳动力。

消费有不同的类型。我们最常见的是钱货两清的消费,此外,贷款消费和租赁消费也越来越常见。

钱货两清的消费。在生活中,消费的大部分商品,是通过一手交钱、一手交货的交易方式完成的。一旦交易完成,商品的所有权和使用权即由买主自己享有。

甲:我终于把买房子的钱攒够了,在前几天住进了梦寐以求的大房子。

乙:我年轻时通过贷款买了一套大房子,终于在前几天还清了银行的贷款。

你怎么看待这两种消费?它们各适用于什么情况?

贷款消费。"花明天的钱,圆今天的梦",形容的就是贷款消费。在购买住房、轿车等商品时,一次性付款可能会超出一些买主的支付能力,这些买主可以考虑预支未来的收入来进行消费。目前,我国的多数银行都办理个人住房贷款、家居装修贷款、购车贷款等业务。对于那些收入稳定、对未来收入持乐观态度又没有太多积蓄的年轻人来说,贷款消费不失为一种不错的选择。

记者在玩具店采访,一个孩子的妈妈说:"我的孩子两岁了,家里堆放了很多孩子玩过的玩具,还要不断地买玩具。要是能租就好了,既省钱又省去了收拾保管的麻烦。"一位老师坦言:"玩具是开启儿童智力的金钥匙,特别是诸如拼图一类的益智玩具。这类玩具相对而言较贵,孩子一旦拼出来,玩上几次就不感兴趣了,如果能租就划算多了。"

你会选择租赁的消费方式吗?通常会租什么商品?说说你的理由。

租赁消费。有些商品,如房屋、汽车、不需反复翻阅的书籍等,消费者或无力购买,或因使用的次数有限不愿购买,可以通过短暂租赁的办法,不变更该商品的所有权,而获得该商品在一定期限内的使用权。

按照消费对象的不同,消费可以分为有形商品消费和劳务消费。前者消费的是有形商品,后者消费的是服务,如家政、维修等。

按照消费的目的,生活消费可以分为生存资料消费、发展资料消费和享受资料消费。其中,生存资料消费满足较低层次衣食住行的需要,是最基本的消费。随着经济水平的提高,人们越来越追求身心愉悦和全面发展,这时发展资料和享受资料的消费将逐渐增加。

进入 21 世纪,消费者的消费趋向多元化。新华社记者曾用"大起来的房子,多起来的轿车,低起来的食品比重,高起来的文化程度,热起来的假日旅游,快起来的通信方式"等词语来描绘我国居民近年来消费的变化。

人们用消费结构来衡量生活消费的变化。消费结构反映出人们各类消费支出在消费总支出中所占的比重。消费结构不是一成不变的,它会随着经济的发展、收入的变化而不断变化。

从食品开支在家庭总支出中所占的比例,可以大致推算出家庭生活水平的高低。这是由 19 世纪中叶德国统计家恩斯特·恩格尔提出的。食品支出占家庭总支出的比重,被称为恩格尔系数。

2000—2010 年我国城乡居民恩格尔系数

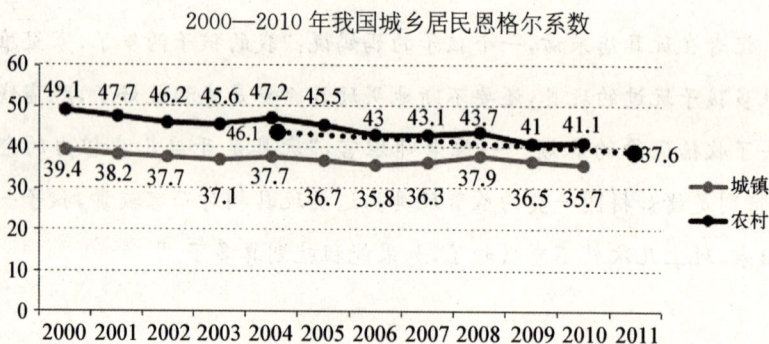

图 7

我国居民消费的恩格尔系数下降说明了什么?

恩格尔系数增大,必然会影响其他消费的支出,特别是影响发展资料、享受资料的增加,限制消费层次和消费质量的提高。恩格尔系数减小,通常表明人们生活水平提高,消费结构改善。

（二）影响消费水平的因素

春节是中国人最重要的传统节日。现在,人们的春节消费一改过去只在家中大吃大喝的习惯,发生了深刻的变化。

镜头一:广西村民杨女士说:"以往过年餐桌上少不了两样大菜——芋头扣肉和油豆腐酿肉,今年不做了,因为家人不喜欢吃,嫌太油腻。"

镜头二:天津的陈先生春节期间带全家到体育馆打羽毛球。虽然每次要花50多元门票钱,但不仅锻炼了身体,还增进了家人之间的感情,他觉得很值。

镜头三:苏州李先生一家利用春节到海南旅游,春节期间游客真不少,大部分都是全家出游。

为什么居民的生活消费会发生如此大的变化?

消费水平受很多因素的影响,其中主要因素是居民的收入和物价总体水平。

收入是消费的基础和前提。在其他条件不变的情况下,人们当前可支配的收入越多,对各种商品和服务的消费量就越大。收入增长较快的时期,消费增长也较快;反之,当收入增长速度下降时,消费增幅也下降。所以,要提高居民的生活水平,就必须保持经济的稳定增长,增加居民收入。

居民消费水平不仅取决于当前的收入,而且受未来收入预期的影响。对于未来收入,如果人们有非常乐观的预期,那么预支将来收入的可能性就会加大;反之,预期未来有减少收入或者失业的风险时,人们就会节制当前的消费。

社会总体消费水平的高低与人们收入差距的大小有着密切的联系。

人们的收入差距过大,总体消费水平会降低;反之,收入差距缩小,会使总体消费水平提高。

物价的变动会影响人们的购买能力。一般说来,物价上涨,人们的购买力普遍降低,会减少对商品的消费量;物价下跌,则购买力普遍提高,会增加对商品的消费量。

四、树立正确的消费观

(一)生产与消费

某地有个青年农民,从四十几元钱起家,起早贪黑,风餐露宿,先后创办了几家企业,成为拥有数亿元资产的个体企业家。面对巨大的财富,他并没有用这些钱去买豪华汽车,也没有用这些钱去吃山珍海味、尽情享受,而是用这些钱去发展生产,支援贫困地区,为村里建学校,修公路,办发电厂,带领村民脱贫致富奔小康。他的事迹,在周围地区引起巨大的反响,并受到广大群众的高度赞扬。

家庭富裕了,收入增加了,手头的钱多了,应该怎样安排消费?

这是每一个人都要思考的问题。有些人总认为,怎样安排吃穿住用,这只是家庭的事,与国家无关,与他人无关。实际上,家庭消费并不仅仅是影响个人生活的小事。社会再生产过程,是由生产、交换、分配和消费组成的有机整体,消费作为其中的一个重要环节,是由生产决定的。生产为消费提供对象,生产决定消费水平和消费方式,并为消费创造动力。家庭消费所需要的商品和服务的种类、数量、质量,都是通过生产创造出来的。因此,生产决定消费,没有生产,就没有消费。

生产决定消费的对象。我们消费的对象,首先必须是能被生产出来的,否则就谈不上消费。在古代,即使是皇帝也享受不到看电视的乐趣,因为那时无电视可看。

生产决定消费的方式。计算机、DVD等高科技电子产品的出现和广泛应用,改变了以往的生产方式,也改变了人们生活的消费和娱乐方式。

生产决定消费的质量和水平。没有远程网络技术的发展,就没有足不出户、快捷方便的网络教育、网络医疗和网络服务。

生产为消费创造动力。没有汽车生产的大发展,就没有人们对家庭轿车的强烈向往。

从一定意义上说,人类的历史就是生产发展的历史。人类消费所需要的一切商品和服务都是由生产创造出来的,物质资料的生产是人类赖以存在和发展的基础。

十几年前,为了满足人们对彩电、冰箱的需求,彩电业、冰箱业迅猛发展;近几年,由于人们对健康和休闲的需要,美容、健体、娱乐、旅游业随之兴旺发达起来。

消费对生产有什么影响?

消费对生产有重要的反作用,消费拉动经济增长、促进生产发展。生产出来的产品被消费了,这种产品的生产过程才算最终完成。消费所形成的新的需要,对生产的调整和升级起着导向作用;一个新的消费热点的出现,往往能带动一个产业的出现和成长。消费为生产创造出新的劳动力,能提高劳动力的质量,提高劳动者的生产积极性。

提高人民的消费水平,改善人民的消费结构,对发展社会主义生产,具有十分重要的作用。家庭消费虽然是个人的消费行为,国家尊重个人生活消费的自主权,但是家庭生活消费绝非与社会无关。健康、合理、文明的生活消费,既关系到个人的生活质量和健康发展,又关系到社会和集体的利益,关系到社会劳动生产率的提高,新的社会需求的创造,以及新的市场开拓。因此,消费者应该树立正确的消费观念。

西方一位经济学家曾以蜜蜂作比喻,说在蜜蜂的"社会"里,奢侈之风盛行时,各行各业都十分兴旺;当节俭之风代替奢侈之风后,"社会"反而衰落了。由此他得出结论:个人的奢侈会推动社会的繁荣。

我国有句古语："俭，德之共也；侈，恶之大也。"

你怎样看待这两种消费观念？试加以分析。

生活方式的变化推动着人们消费观念的更新，也带来不同消费观念的相互碰撞。我们要做理性的消费者，践行正确的原则。

量入为出，适度消费。要在自己的经济承受能力之内进行消费。那些支出无计划，为了撑面子不惜举债消费，而不考虑自己偿还能力的行为，是缺乏理智的。过于紧缩消费会使人们的需求得不到满足，也不利于推动社会生产的发展。所以，我们提倡消费要适度。

一项调查表明，近40％的青少年认为自己有很多只用一时便不再用的东西。这些商品多是凭一时冲动而购买的，很快就被闲置一旁，造成浪费。

你曾一时冲动或随大流买东西吗？当时你是怎么想的？

避免盲从，理性消费。别人都买的东西，不一定适合自己的需要。随大流购买自己并不需要的东西，是不理智的。要避免盲目跟风，避免情绪性消费，避免只重视物质消费而忽视精神消费的倾向。

经常使用发泡塑料餐盒的人可能没有想到，全国一次性食具的年使用量超过100亿只！这种食具的制作危及臭氧层；用它装饭菜则危害人体健康；它不易降解，还会造成严重的环境污染。

我们应当如何对待发泡塑料餐盒？请为解决"白色污染"、"资源浪费"出谋划策？

保护环境，绿色消费。面对严峻的资源短缺和环境污染，我们应该树立生态文明观念，保持人与自然环境之间的和谐。20世纪末，绿色消费悄然兴起，绿色消费是以保护消费者健康和节约资源为主旨，符合人的健康和环境保护标准的各种消费行为的总称，核心理念是可持续性消费。人们形象地把绿色消费概括为"5R"：节约资源，减少污染（Reduce）；绿色生活，环保选购（Reevaluate）；重复使用，多次利用（Reuse）；分类回收，循环再生(Recycle);保护自然,万物共存(Rescue)。

前几年,在饭店用餐后把吃剩的饭菜"打包"带回家有点儿让人不好意思,显得太小气。如今,"打包"的风气越来越流行。据调查,70%以上的人表示愿意"打包"。当然,"打包"毕竟是盲目点菜的结果,比"打包"更好的是精打细算,合理点菜。

你怎样看待"打包"这一现象? 勤俭节约的作风是不是过时了?

勤俭节约,艰苦奋斗。以艰苦奋斗为荣、以骄奢淫逸为耻,是社会主义荣辱观的体现。一个没有艰苦奋斗精神作支撑的民族,难以自立自强;一个没有艰苦奋斗精神的人,难以战胜困难,成就事业。艰苦奋斗作为一种精神财富,任何时候都应该发扬光大。

(二) 依法保护消费者的合法权益

案例一

　　近年来相继发生"毒奶粉"、"瘦肉精"、"地沟油"、"染色馒头"等食品安全事件。这些事件,严重破坏了社会主义市场经济的秩序,对人民群众的生命健康构成了严重威胁。2011 年 4 月 16 日《东方早报》报道,近日"染色馒头"在上海消费者中造成了巨大反响,也对联华和华联造成巨大的负面影响。为了在零售环节严把食品质量,联华超市决定投资 1 500 万元建设食品安全检测中心,并迅速制定食品安全监控五大措施,杜绝类似问题的发生。

上述事例侵犯了消费者的哪些权益?

消费者在商品服务市场上享有的合法权利主要有: 安全权、知情权、自主选择权、公平交易权、求偿权、人格尊重和民族风俗习惯受尊重权。此外,消费者还享有获得消费方面知识的权利,对商品和服务以及保护消费者权益工作进行监督的权利等。

相关链接

安全权。消费者在购买、使用商品和接受服务时，享有人身、财产安全不受损害的权利。人身安全权和财产安全权是消费者最基本的权利。因产品缺陷而造成消费者人身安全和财产安全受到损害，受害人可以向产品生产者或销售者要求赔偿。

知情权。消费者在购买商品和服务时，有权获知该商品或服务的真实情况，有权根据商品或服务的不同情况，要求经营者提供商品的价格、产地、生产者、用途、性能、规格、等级、主要成分、生产日期、有效期限、检验合格证明、使用方法说明书、售后服务，或者服务的内容、规格、费用等有关情况。

自主选择权。消费者有权自主选择提供商品或服务的经营者，有权自主选择商品品种或服务方式，有权自主决定购买或不购买任何一种商品或服务，选择商品或服务时，有权进行比较、鉴别和挑选。

公平交易权。消费者有权获得质量保障、价格合理、计量正确等公平交易条件，有权拒绝经营者的强制交易行为。

求偿权。消费者因购买、使用商品或者接受服务而受到人身、财产损害，享有依法获得赔偿的权利。人身受到损害的索赔范围，包括医疗费、因误工减少的收入、残疾人生活补助费等。造成受害人死亡的，可索赔丧葬费、抚恤金、死者生前抚养的人必要的生活费等。财产受到损失，消费者可要求生产者或经营者修理、更换、退货、补足商品数量、退还货款或服务费用、折价赔偿损失等。

人格尊严和民族风俗习惯受尊重权。消费者在购买、使用商品和接受服务时，享有人格尊严、民族风俗习惯得到尊重的权利。

案例二

　　干洗衣物褪色不负责：消费者李女士在某干洗店干洗一件黑色风衣,取回后发现风衣领口及衣袖处有不同程度的褪色。在与干洗店交涉时,店方称在收据上已注明"深色衣物在干洗后出现褪色现象本店不承担责任"。*消费饮用非本店酒水收取"开瓶费"*：消费者苏女士与朋友一起到某饭店聚餐。为增添气氛,苏女士把家中珍藏的进口红酒拿到饭店与朋友分享。但当苏女士等人结账时,却发现账单上多出一项"外带酒水开瓶费：10元"的内容,饭店工作人员称,对于外带酒水在该饭店内饮用均需收取10元的"开瓶费"。

面对"霸王条款"消费者应该怎么办?

　　所谓"霸王条款",就是一些经营者单方面制定的逃避法定义务、减免自身责任的不平等格式合同、通知、声明和店堂告示或者行业惯例等,限制消费者权利,严重侵害消费者利益。"霸王条款"之所以遭到广大消费者的痛恨,是因为个别商家利用信息不对称、供求关系不平衡,将不平等的消费条款强加给消费者。很多时候,由于消费者是以个人形式面对集体形式的商家,存在心理弱势,往往不得不自认倒霉,花了冤枉钱还得受窝囊气。

　　如果消费者因合法权益受到损害,同经营者发生争议,可以通过下列途径解决：与经营者协商和解;请求消费者协会进行调解;向有关行政部门申诉,请求行政部门进行处理;根据与经营者达成的仲裁协议,提请仲裁机关仲裁;直接向人民法院提起诉讼。

　　据一项权威调查表明,受到侵害的消费者中,主动寻求解决的仅为22.3%。而近70%的消费者在权益受到侵害后自认倒霉。通过各种渠道。受侵害后主动寻求解决的消费者中,有73.8%的人挽回了经济损失,挽回的金额约为11亿元。而造成上述状况的原因之一,是因为不同的消费者对消费者权益保护法的了解程度有着明显的差异。一女顾客到一家自选商场选购商品,正准备离去,被营业员怀疑拿了商场里的商品。女顾客据理反驳,仍被商场保安人员带到办公室搜身,并未发现营业员所指的商品。女顾客要求商场为其恢复名誉,消除影响,赔礼道歉,并赔偿损失。但该商场经营者拒绝受害者的这一要求。于是女顾客便以人格尊严和人身自由受到侵害为由,诉上法庭。法院最后判处商场公开向这名女顾客赔礼道歉,承担审理费用,并向受害者赔偿人民币 3 000 元。

要保证消费者权利的实现,就需要有维护消费者权益的立法和组织机构。我国已经制定了一批保护消费者权益的法律、法规和政策,如《中华人民共和国消费者权益保护法》《中华人民共和国产品质量法》等。各级人民政府工商行政管理部门和其他有关部门,是依照法律、法规的规定,在各自的职责范围内,保护消费者合法权益的行政机构;公安机关和人民检察院、人民法院,是惩处侵害消费者合法权益的违法犯罪行为的执法、司法机构;消费者协会和其他消费者组织,是保护消费者合法权益的社会团体;大众传播媒介,包括报刊、广播、电视台等,是揭露、批评侵害消费者合法权益的行为,保护消费者合法权益的舆论监督工具。

3 月 15 日为国际消费者权益日。每年中央电视台都举办"3·15 消费者之友"专题晚会,表彰保护消费者合法权益、打假治劣有方的先进典型,对损害消费者合法权益的企业进行"曝光"。国家专门成立了"打假办公室",并向全社会公布了举报电话,查处了一大批制假贩假、损害消费者权益的违法犯罪案件。1992 年初开始,新华社、人民日报社、中央电视台等数十家首都新闻单位,以及国家技术监督局、中国消费者协会等机构,联合发起"中国质量万里行"活动,以强大的舆论攻势,掀起了全社会关心商品、服务质量,保护消费者合法权益的热潮。

作为消费者,要增强消费者权利意识,在自己的权利受到损害时,不能有"多一事不如少一事"的想法,要懂得姑息就是纵容的道理,学会依法保护自己的合法权益。

作为消费者,要全面提高自身的思想文化素质,懂得权利和义务相统一是法制社会的基本原则,享受了权利,就必须承担相应的义务。在增强自我保护意识的同时,还要遵守社会公德,维护他人的合法权益,绝不能滥用消费者手中的权利,损害经营者的正当利益,影响全社会正常的经济秩序。

第二节 发展生产,扩大就业

生产决定消费,人们消费的一切商品和服务,都是通过生产提供的。跨入 21 世纪,我国进入全面建设小康社会的新阶段。发展中国特色社会主义,必须深入贯彻落实科学发展观,促进国民经济既好又快的发展。为了全面建设小康社会,我国应该坚持什么样的基本经济制度?公司应该怎样作出投资决策、采取什么经营策略?不同的企业分属不同的产业,怎样对待三大产业?中职学生在全面建设小康社会过程中应该为就业和创业做好哪些准备?本节将研究这些问题。

一、小康社会的经济建设

(一)从总体小康到全面小康

小康的标准和我国现阶段小康水平:1991 年国家统计与计划、财政、卫生、教育等 12 个部门的研究人员组成了课题组,按照中央、国务院提出的小康社会的内涵确定了 16 个基本检测和监测值。这十六个指标把小康的基本标准设定为:

(1) 人均国内生产总值达到 2 500 元(按 1980 年的价格和汇率计算,

2 500 元相当于 900 美元）；

（2）城镇人均可支配收入达到 2 400 元；

（3）农民人均纯收入达到 1 200 元；

（4）城镇人均住房面积达到 12 平方米；

（5）农村钢木结构住房人均使用面积达到 15 平方米；

（6）人均蛋白质摄入量达到 75 克；

（7）城市每人拥有铺路面积达到 8 平方米；

（8）农村通公路行政村比重 85%；

（9）恩格尔系数低于 50%；

（10）成人识字率达到 85%；

（11）人均预期寿命达到 70 岁；

（12）婴儿死亡率低于 13.1‰；

（13）教育娱乐支出比重达到 11%；

（14）电视机普及率达到 100%；

（15）森林覆盖率达到 15%；

（16）农村初级卫生保健基本合格县比重达到 100%。

用综合评分方法对这十六个指标进行测算，根据其结果我们可以向世界宣布：一个 13 亿人口的发展中大国，人民生活水平基本上达到了小康水平。在新世纪，我们就是在这个基础上全面建设小康社会。

基本目标

（1）是人均国内生产总值超过 3 000 美元。这是建成全面小康社会的根本标志。

（2）是城镇居民人均可支配收入达到 1.8 万元。

（3）是农村居民家庭人均纯收入达到 8 000 元。

（4）是恩格尔系数低于 40%。

（5）是城镇人均住房建筑面积达到 30 平方米。

（6）是城镇化率达到 50%。

（7）是居民家庭计算机普及率达到 20%。

（8）是大学入学率达到 20%。

（9）是每千人医生数达到 2.8 人。

（10）是城镇居民最低生活保障率达到 95% 以上。

说一说：按照全面小康社会的标准，到 2020 年，我们的社会将是什么样子？

改革开放后，邓小平提出我国现代化建设分"三步走"的发展战略，带领人民奔小康。至 20 世纪末，我国实现了现代化建设"三步走"战略的第一、第二步目标，人民生活总体上达到小康水平。我国已经达到的小康，还是低水平的、发展不全面的、不平衡的小康。实现全面小康，还需要长时期的艰苦奋斗。

二十一世纪前二十年，我们要集中力量，建设全面惠及十几亿人口的更高水平的小康社会。到 2020 年全面建设小康社会目标实现之时，我们这个历史悠久的文明古国和发展中社会主义大国，将成为工业化基本实现、综合国力显著增强、国内市场总体规模位居世界前列的国家，成为人民富裕程度普遍提高、生活质量明显改善、生活环境良好的国家，成为人民享有更加充分民主权利、具有更高文明素质和精神追求的国家，成为各方面制度更加完善、社会更加充满活力而又安定团结的国家，成为对外更加开放、更加具有亲和力、为人类文明作出更大贡献的国家。

（二）贯彻落实科学发展观

某地区砍伐大片森林，制作家具，然后投放市场销售，这个地区的 GDP 因此增长了。但是，砍伐森林导致资源减少、水土流失和洪水泛滥，甚至使人们失去家园和生存空间。

这种 GDP 增长，对人民生活的改善、国家的发展有益吗？

实现全面建设小康社会的奋斗目标，必须深入贯彻落实科学发展观。

科学发展观是我国经济社会发展的重要指导方针,是发展中国特色社会主义必须坚持和贯彻的重大战略思想。

? 专家点评

单纯追求经济增长速度、GDP 的增加,甚至把 GDP 作为衡量建设成就大小的唯一指标,而忽视社会的全面进步,是片面的。片面追求经济的快速增长,往往带来一系列社会问题,甚至会出现"没有发展的增长",导致资源浪费、环境污染、生态破坏。

科学发展观的第一要义是发展。必须坚持把发展作为党执政兴国的第一要务,着力把握发展规律、创新发展理念、转变发展方式、破解发展难题,提高发展质量和效益,实现既好又快的发展,为发展中国特色社会主义打下坚实的基础。

科学发展观的核心是以人为本。要始终把实现好、维护好、发展好最广大人民的根本利益作为党和国家一切工作的出发点和落脚点,做到发展为了人民、发展依靠人民、发展成果由人民共享。

江苏省张家港市有四个"看不见":站在江边看不见江——塔吊林立、货轮密布,辨不清水与岸;出了城市看不见农村——道路宽敞,别墅成片,分不出城与乡;工业区看不见浓烟和排污口——循环经济使副产品被综合利用,变废为宝;走在街上看不见农村人——市民化管理、亲情化的社会保障体系,让人认不出主与客。这看不见的背后是张家港人"团结拼搏、负重奋进、自加压力、敢于争先"的精神,是张家港人对发展的全面理解。

张家港的发展给人们带来了哪些实惠?张家港的发展给我们什么启示?

　　科学发展观的基本要求是全面协调可持续。要按照中国特色社会主义事业的总体布局,全面推进经济建设、政治建设、文化建设、社会建设,促进现代化建设各个环节、各个方面相协调,促进生产关系与生产力、上层建筑与经济基础相协调。坚持生产发展、生活富裕、生态良好的文明发展道路,实现经济社会持续发展。

　　科学发展观的根本方法是统筹兼顾。要统筹城乡发展、区域发展、经济社会发展、人与自然和谐发展、国内发展和对外开放,统筹中央和地方的关系,统筹个人利益和集体利益、局部利益和整体利益、当前利益和长远利益,统筹国内国际两个大局,树立世界眼光,加强战略思维,营造良好的发展环境。

　　(三)全面建设小康社会必须大力发展生产力

图8　牛耕地

图9　农业机械化生产

图10　现代化温室

结合上图及所见所闻,谈谈对我国生产力现状的认识(我国与外国相比,国内各地区相比)。

我国正处于社会主义初级阶段,生产力总体水平比较低,呈现出不平衡、多层次的特点。要实现全面建设小康社会的目标必须大力发展生产力。

人民日益增长的物质文化需要与落后的社会生产之间的矛盾,是社会的主要矛盾。为了解决这个矛盾,必须大力发展社会生产力,这是社会主义的本质要求。只有大力发展生产力,才能为巩固社会主义制度,建立雄厚的物质技术基础;才能摆脱经济文化落后的状态,缩小与发达国家的差距,赶上以至超过发达国家,充分显示社会主义的优越性;才能不断增强综合国力,提高我国的国际地位。

发展,对于全面建设小康社会、加快推进社会主义现代化,具有决定性意义。要牢牢扭住经济建设这个中心,坚持聚精会神搞建设,一心一意谋发展,不断解放和发展社会生产力。

观点一:人是生产力中最具有决定性的力量,加快生产力发展必须全面提高劳动者的素质,包括思想道德素质、科学文化素质和身体素质。

观点二:科技是第一生产力,而且是先进生产力的集中体现和主要标志。要大力发展生产力,必须加快科学技术的发展,大力推动科技进步和创新。

根据自己的认识,深入讨论以上观点。

为了解放和发展生产力,必须通过改革,调整生产关系中与生产力不相适应的部分,调整上层建筑中与经济基础不相适应的部分。改革是社会主义的自我完善和发展。通过改革,完善社会主义的各项基本制度,使中国特色社会主义充满生机和活力。

二、我国的基本经济制度

（一）公有制为主体

公有制为主体、多种所有制经济共同发展，是我国社会主义初级阶段的基本经济制度。生产资料公有制是社会主义的基本经济特征，是社会主义经济制度的基础。

材料一：我国国有经济在各领域销售收入中所占比重（截至 2009 年 7 月）

石化	石油	电力	汽车	冶金	铁路	兵器	船舶与航天
69.3%	92.1%	90.6%	72.5%	64.4%	83.1%	99.5%	84.5%

材料二：有些街道办的食品厂，原来不太景气。后来实行以劳动者的劳动联合与资本联合为主的股份合作制，企业职工既是劳动者又是投资者，企业的重大决策都要经过员工股东大会的批准，职工的收入既与自己的劳动贡献挂钩，又与出资数量挂钩。职工的生产积极性提高了，工厂办得红红火火。

材料三：我国有家生产手机的公司，从不同渠道广泛筹集资金，成为国家、集体、私人多方持股的新型企业，仅用 10 年时间，就成为我国手机产销量最大的公司之一。

材料一说明国有经济在国民经济中起了什么作用？

材料二和材料三中食品厂和手机公司各属于什么性质的企业？

三则材料如何体现了公有制经济的内容？概括公有制在国民经济中的地位。

在我国社会主义初级阶段，公有制经济包括国有经济、集体经济以及混合所有制经济中的国有成分和集体成分。

国有经济,指由社会全体劳动者共同占有生产资料(以国家所有的形式存在)的公有制形式。它同较高的生产力水平相适应。国有经济是我国国民经济的支柱。它掌握着国家的经济命脉,在国民经济中起主导作用。国有经济的主导作用主要体现在控制力上,即体现在控制国民经济发展方向、控制经济运行的整体态势、控制重要稀缺资源的能力上。在有关国民经济命脉的重要行业和关键领域,国民经济必须占支配地位。

相关链接

国有经济需要控制的重要行业和关键领域:涉及国家安全的行业,如重要军工、钞票印制等;提供重要公共产品和服务的行业,如大型水利设施、环保设施、城市公共交通等;支柱产业和高新技术产业中的重要骨干企业,如装备制造、大钢铁、大石化、汽车集团、重要的电子企业和重要的国家实验室等;重大基础设施和重要矿产资源,如煤气、电力电网、电信、煤炭和铁路运输等。

集体经济,是由部分劳动者共同占有生产资料的一种公有制经济。它是我国农村的主要经济形式,并广泛存在于城乡的工业和服务业中。它包括各种形式的合作社、集体工业企业和商业企业、股份合作制企业等多种形式,是社会主义公有制经济的重要组成部分。

混合所有制经济,是不同的所有制经济按照一定原则实行联合生产或经营的经济形式。混合所有制经济中的国有成分、集体成分,都是公有制经济的重要组成部分。随着社会主义市场经济的发展,投资主体的多元化,混合所有制经济在我国将进一步发展。

我国是社会主义国家,毫不动摇地巩固和发展公有制经济的主体地位。公有制的主体地位主要体现在两个方面。第一,公有资产在社会总资产中占有优势。这是就全国而言,有的地方、有的产业可以有所差别。

第二,国有经济控制着国民经济命脉,对经济发展起主导作用。

(二)多种所有制经济共同发展

有对夫妇筹资开了个小饭馆,夫妻俩既当老板又当服务员。他们把农民卖不出去的小南瓜加工成美味食品。后来,生意越来越红火,他俩开起了连锁店,取名为"小南瓜",雇工经营。

上述材料中的小饭馆是属于什么所有制的经济?"小南瓜"连锁店是属于什么所有制的经济?这两种所有制经济有什么不同?

在我国现阶段,除公有制经济外,还存在大量的个体经济、私营经济和外资经济等非公有制经济。非公有制经济是社会主义市场经济的重要组成部分,必须毫不动摇地鼓励、支持和引导非公有制经济的发展。

个体经济,由劳动者个人或家庭占有生产资料,从事个体劳动和经营。私营经济,以生产资料私有和雇佣劳动力为基础,以取得利润为目的。外资经济,是指外国投资者和港澳台投资者根据我国法律、法规在我国大陆设立的独资企业以及中外合资企业、中外合作经营企业中的外商投资部分。

非公有制经济有利于促进我国社会生产力的发展,满足人民物质文化生活多样化的需要,吸收劳动者就业,增加劳动者个人收入和国家税收,有利于引进境外的资金和先进技术,扩大出口,对于社会主义市场经济体制的完善、全面建设小康社会具有重要的作用。

相关链接

国务院发布关于鼓励支持非公有制经济发展的若干意见新 36 条。即:深入贯彻落实《国务院关于鼓励支持和引导个体私营等非公有制经济发展的若干意见》(国发〔2005〕3 号)等一系列政策措施,鼓励和引导民间资本进入法律法规未明确禁止准入的行业和领域。规范设置投资准入门槛,创造公平竞争、平等准入的市场环境。市场准入标准和优惠扶持政策要公开透明,对各类投资主体同等对待,不得单对民间资本设置附加条件。

公有制为主体、多种所有制经济共同发展的基本经济制度,适合社会主义初级阶段生产力发展不平衡、多层次的状况,符合社会主义的本质要求。实践证明,它有利于促进生产力的发展、增强综合国力、提高人民生活水平。必须坚持和完善这一基本经济制度,毫不动摇地巩固和发展公有制经济,鼓励、支持、引导非公有制经济发展,形成各种所有制经济平等竞争、相互促进的新格局。

三、企业和产业

(一)公司的经营

企业是以营利为目的而从事生产经营活动,向社会提供商品或服务的法人或其他社会经济组织。人们消费的商品和服务,主要是由企业提供的。公司制,是现代企业主要的典型的组织形式。

相关链接 ▬▬▬▬▬▬▬▬▬▬▬▬▬▬▬▬

公司是依法设立的,全部资本由股东出资,以营利为目的的企业法人。成立公司,必须按照法律法规和相关政策,办理一定的登记手续,取得法律上的认可。我国法定的公司形式有两种,即有限责任公司和股份有限公司。

有限责任公司,是指由 50 个以下股东出资设立。股东可以用货币出资,也可以用实物、知识产权、土地使用权等作价出资。只有一个自然人股东或者一个法人股东的有限责任公司,称为一人有限责任公司。一人有限责任公司的股东不能证明公司财产独立于股东自己的财产的,应当对公司债务承担连带责任。

股份有限公司,是指全部资产分为等额股份,股东以其认购的股份为限,对公司承担责任的企业法人。设立股份有限公司,应当有2人以上200人以下为发起人,注册资本的最低限额为人民币500万元。

企业是以营利为目的的。企业的生产和经营必须讲求经济效益。所谓企业的经济效益,就是企业的生产总值同生产成本之间的比例关系。用公式表示:企业经济效益=生产总值/生产成本。生产总值超过生产成本的差额就是利润。用同样数量的资源消耗,或者说用同样数量的人力、物力消耗,生产出更多的商品和劳务来,经济效益就高;相反,生产同样数量的商品和劳务,资源消耗多,所费的人力、物力多,它的经济效益就低。企业经济效益是企业一切经济活动的根本出发点。提高企业经济效益,对于像我国这样一个经济、文化比较落后的国家来说,具有特殊的重要性。首先,提高经济效益,有利于增强企业的市场竞争力。其次,提高经济效益,才能充分利用有限的资源创造更多的社会财富,满足人民日益增长的物质文化需求。

公司从事经营活动,必须遵循法律、行政法规,遵守社会公德、商业道德,诚实守信,接受政府和社会公众的监督,承担社会责任。

在众多公司中,有些公司能够保持长期发展,而有些公司却很快被市场淘汰;有些公司声名卓著,有些公司却默默无闻。

联系身边的实例讨论:一家公司取得成功的主要原因是什么?
如何使公司不断发展壮大?根据是什么?

一个公司能否经营成功,取决于很多因素。

公司要制定正确的经营战略。一个企业,只有战略定位准确,才能顺应时代发展的潮流,抓住机遇,加快发展,为企业插上腾飞的翅膀。反之,一个企业在战略上定位不准,就会遭受挫折,甚至破产。

公司通过提高自主创新能力,依靠技术进步、科学管理等手段,形成自己的竞争优势。企业的竞争优势是多种多样的,如价格、产品质量、服务水平、品牌效应等。这些优势的取得,或是由于企业掌握了独特的技术,或是由于企业的管理水平较高,或是以上因素的综合。企业必须在这些方面有所作为。

大名鼎鼎的某地火腿,曾因个别企业不注意执行卫生标准,使用国家明令禁止使用的化学添加剂,而引发"多米诺骨牌"式的信任危机:有的商场撤掉了该火腿专柜,有的停止进货,有的要求退货。这对该地火腿产业的打击是空前的。

该地火腿产业受到严重打击的根本原因是什么？联系身边的事例,说明诚信经营对于企业生存和发展的重要意义。

公司要诚信经营,树立良好的信誉和企业形象。企业的信誉和形象作为一种无形资产是经过长期努力形成的。它渗透在企业经营和管理的每一个环节,通过产品和服务在市场上形成本企业的竞争优势。公司是否诚信经营,关系到企业成败。企业如果通过不正当手段谋取利益,不会真正取得成功,违法者还要受到法律的制裁。

20世纪90年代末,某电视机生产企业通过兼并同行厂家,迅速成长为我国主要的电视机生产企业之一,后来,该企业有通过兼并空调、冰箱、洗衣机等生产企业,大举进军其他家电生产领域,成为我国最大的家电企业。

企业兼并对企业发展具有什么积极作用？是否任何兼并都有利于企业的发展？

在激烈的市场竞争中,那些经营管理不善的企业会被兼并或面临破产。经营管理好、经济效益好的优势企业,兼并那些相对劣势的企业,可以扩大优势企业的规模,增强优势企业的实力,以优带劣,提高企业和整个社会的资源利用效率,有利于促进国家经济发展。

名词点击

企业联合企业破产

企业联合,指企业之间为增强市场竞争力,获取更大的经济效益,而实行的合营或合并。大企业之间的联合通常叫做"强强联合"。

企业破产,指对长期亏损、资不抵债而又扭亏无望的企业,按法定程序实施破产结算的经济现象。实行企业破产制度,有利于强化企业的风险意识,促使企业在破产的压力下改善经营管理,提高企业竞争力。通过企业破产,及时淘汰落后的企业,有利于社会资源的合理配置和产业结构的合理调整。

(二)产业

在庞大的国民经济体系中,存在着许多部门和行业。按照人类生产活动的历史顺序和各种行业的性质,可将它们归类为三大产业。第一产业是农业,第二产业是工业和建筑业,第三产业是第一、第二产业以外的所有行业的总称。

"三农"问题是指农业、农村和农民问题。其中农民是振兴农业、建设农村的主体,农村是农民生活和农业生产的载体,农业是农村经济乃至整个国民经济的基础。"三农"问题始终是关系党和人民事业发展的全局性和根本性问题,农业丰则基础强,农民富则国家盛,农村稳则社会安。"三农"问题中,农业发展是根本。农业是国民经济的基础,是最基本的物质生产部门。农业是国民经济的基础,粮食是基础的基础。我国是一个人口众多的发展中国家,解决吃饭问题始终是国民经济的头等大事,作为重要战略物资的粮食在我国的供给始终处于基本平衡但偏紧的状态,要解决这个问题必须立足国内,保证粮食生产,这是关系到维护我国独立自主地位的大问题。

目前,我国农业生产率较低,基础设施薄弱,抗灾害能力弱,资源占有量低;农民收入低,城乡收入差距大,农民生活质量差;农村教育、卫生等社会公共事业及民主管理事业发展滞后等。

解决好"三农"问题,要努力走出一条生产技术先进、经营规模适度、市场竞争力强、生态环境可持续的中国特色新型农业现代化道路。

加强农业基础设施建设。切实加强耕地保护,加快高标准农田建设。启动农田污染治理工程,开展农田面源污染和重金属污染治理。加强农田水利设施建设,改善相关公共基础设施。加快农村电网改造、乡村道路建设,改善农村生产、生活条件。

加快农业科技进步。实施高产种业科技攻关工程、粮食增产模式攻关工程、实施促进农业可持续发展技术研发工程。着力开展先进适用技术研发,推广节地、节水、节药、节能和节劳技术,降低生产成本,提高资源利用率。

加强农业支持保护力度。完善农业补贴政策体系。完善种粮直补、农资综合补贴政策制度,与农户承包地面积挂钩,并建立稳定增长机制,调动普通农户种粮积极性。设立粮食规模经营补贴,与实际种粮面积挂钩,重点向种粮的专业大户、家庭农场和农民合作社倾斜,调动规模经营主体种粮积极性。构建价格支持体系。完善重点粮食品种最低收购价政策,合理确定并不断提高最低收购价,保持粮价合理水平。探索并建立重要农产品目标价格和差价补贴制度,保障农民务农种粮收益。加大产粮大县奖补力度,调动主产区抓粮积极性。

大力培育新型经营主体。完善新型经营主体扶持政策。针对家庭农场等新型经营主体发展的不同阶段,确定扶持政策重点。发展初期帮助其解决信贷担保、基础设施、土地流转、设施用地等问题,成长成熟阶段帮助其解决质量安全、品牌建设等问题。对工商资本进入农业加强监管,坚决禁止非农化,对非粮化行为也要加以引导。

加快培养新型职业农民。确立新型职业农民标准,并制定相应的扶持政策,使农业成为"进入有要求、经营有效益、收入有保障、职业有尊严"的行业。建立高素质人才回流农村机制。支持大中专院校毕业生、返乡创业人员投身现代农业建设。

工业是国民经济的主导,这里的工业主要指机器大工业,其主导作用主要体现在:工业是国民经济各部门进行技术改造的物质基础。工业化一般是指传统的农业社会向现代化工业社会转变的过程。只有用先进的工业化去装备和改造农业,才能实现农业的现代化,才能装备和支撑强大的国防。实现国防现代化,才能推进技术的更大进步去实现工业化的升级,经济的现代化才能建立起来。

我国工业建设自新中国成立后取得了巨大成就,形成了以机器大工业为主,具有相当规模、较高速度、门类齐全、并有一部分现代化水平的工业体系。但工业整体素质仍然不高,结构不合理,与发达国家相比存在较大差距,工业化仍然是现代化进程中的历史性任务。

面对我国工业制造业素质不高、城乡二元经济结构矛盾突出、人口与就业压力巨大、资源利用粗放、生态环境恶化、国际竞争力总体较低的现状,新型工业化道路找到了一种新的快速增长方式,能够保证我国经济在实现了 20 年调整增长之后,还能继续高速增长,从而提高我国的综合国力和国际竞争力;能够解决经济增长与资源、环境的矛盾,从而有效地应对资源、环境的硬件约束,实现可持续发展,降低经济增长的代价;能够推动劳动力就业问题的解决,确保社会的稳定。

我们要坚持以信息化带动工业化,以工业化促进信息化,走出一条科技含量高、经济效益好、资源消耗低、环境污染少、人力资源优势得到充分发挥的新型工业化道路。

新型工业化道路的主要特征是以信息化带动工业化。信息化和工业化互动的工业化;以科技进步为动力,提高经济效益和竞争力为中心的工业化;同可持续发展战略相结合的工业化;充分考虑就业的工业化。

发挥科学技术作为第一生产力的作用,用高新技术和先进适用技术改造提升传统产业,加快科技创新,落实"科教兴国"的战略。走可持续发展道路,合理开发、节约使用各种自然资源,树立环保意识,搞好生态保护和建设,建设资源节约型、环境友好型社会。充分发挥我国人力资源优势,提高劳动者素质,既要注重发展资金和技术密集型产业,又要发展劳动密集型产业,落实"人才强国"战略。

第三产业又叫服务业,是凭借一定的物质技术设备,为社会生产和居民生活服务的各种行业的总称。在我国,第三产业包括四个层次:一是流通部门,包括交通运输业、邮电通讯业、商业饮食业、物资供销和仓储业;二是为生产和生活服务的部门,包括金融业、保险业、地质普查业、房地产管理业、公用事业、居民服务业、旅游业、信息咨询服务业和各类技术服务业。三是为提高科学文化水平和居民素质服务的部门,包括教育、文化、广播、电视、科学研究、卫生、体育和社会福利事业;四是为社会公共需要服务的部门,包括国家机关、政党机关、社会团体、警察、军队等。

第三产业的形成与发展,不仅方便了消费者,提高了人们的生活质量,而且反过来对第一、二产业的发展起到了促进作用,推动了整个社会的进步和经济的发展。第三产业的兴旺发达是现代经济的一个重要特征。第三产业发展程度的高低,已成为衡量现代社会经济发达程度的主要标志之一。目前发达国家的第三产业产值在国内生产总值中所占的比重、第三产业就业人数在社会劳动者中的比重都超过60%,并继续呈上升趋势。

发展第三产业的意义:有利于促进生产与消费的协调发展;有利于促进经济社会和人民的全面发展;有利于促进社会主义物质文明和精神

文明的发展;加快第三产业发展是缓解我国日益严峻的就业压力、增加就业量的主要途径,是实现我国经济可持续发展、落实科学发展观和构建社会主义和谐社会的必然要求。

我们要促进第一、二、三产业健康协调发展,逐步形成以农业为基础、高新技术产业为先导、基础产业和制造业为支撑、服务业全面发展的产业格局,坚持节约发展、清洁发展、安全发展,实现可持续发展。

四、就业与创业

（一）正确的就业观

近几年,我国新进入人力资源市场的劳动力将达到 1 500 多万人,加上 900 万失业人员和结构调整、节能减排等因素新产生的失业人员,全国城镇每年需要就业的总人口将超过 2 400 万人。如果国内生产总值(GDP)增速保持在 8% 左右,预计每年新增就业和补充自然减员就业会在 1 200 万人,这样,城镇就业供求缺口仍然还有 1 200 万左右,矛盾十分尖锐。特别是在中西部地区以及资源枯竭的城市,就业问题更加突出。

此外,在农村,现有劳动力近 5 亿人,除去已经转移就业的 2 亿多人,以及农村需要务农的 1.8 亿人,富余劳动力还有 1.2 亿人,转移就业的规模、速度、压力也在进一步加大。

想想我国就业形势严峻的原因是什么?

我国的就业问题相比任何国家都要突出和紧迫,这主要是因为我国的人口总量和劳动力总量都比较大;劳动力素质与社会经济发展的需要不完全适应;劳动力市场不完善,就业信息不畅通。

李师傅自从下岗之后,一直拿着微薄的救济金度日。热心人也帮他介绍过几次工作,但他不是嫌累、工资少、离家远、地位低,就是嫌与他那个适用面很窄的技术不对口,因此一直没找到工作。

人们为什么要就业? 李师傅找不到工作的原因是什么?

就业是民生之本,对整个社会的生产和发展具有重要意义。就业使得劳动力与生产资料相结合,生产出社会所需要的物质财富和精神财富。劳动者通过就业取得报酬,从而获得生活来源,使社会劳动力能够不断再生产。同时,劳动者的就业,有利于其实现自身的社会价值,丰富精神生活,提高精神境界,从而促进人的全面发展。

我们必须把扩大就业放在经济社会发展的突出位置。党和政府从人民群众的根本利益出发,实施积极的就业政策,坚持"劳动者自主择业、市场调节就业和政府促进就业"的方针。加强引导,完善市场就业机制,扩大就业规模,改善就业结构。

名词解释

劳动者自主择业——指求职者进入劳动力市场,通过各种渠道自谋职业和自主创业。

市场调节就业——指劳动者在劳动力市场上进行就业,通过劳动者与用人单位之间双向选择而实现。

政府促进就业——指政府通过促进经济和社会发展来创造就业条件,扩大就业机会,落实有关就业政策,促进就业。

甲:不管什么职业,只要能稳定地干一辈子就行。

乙:在社会主义国家,就业要靠政府。

丙:工作要体面,不要让人看不起。

丁:一定要找与自己专业知识对口、志趣爱好一致的工作。

上述不同观点的合理性在哪里?误区何在?如果就业期望与社会现实发生矛盾,应该怎么办?

劳动者要树立正确的就业观念,靠自己的双手开拓新的生活,展现平凡而伟大的社会主义劳动者的风采。

树立自主择业观。根据个人的兴趣、专长和条件,自主选择职业。有利于发挥每个人的聪明才智,调动每个人的生产积极性、创造性。

树立竞争就业观。要通过劳动力市场竞争,实现自主就业。为此要努力学习,提高技能和素质,积极主动地适应劳动力市场的需要。

图 11

现实生活中,有的人没活干,可有些工作却招聘不到人。有些大学生非管理岗位不去,脏、累、重活不干。

对上述现象,应该怎么看? 生活中"有人没活干,有活没人干"的现象,原因在哪里? 谈谈你对"行行出状元"的看法。

树立职业平等观。各种正当职业的劳动者,都是创造社会财富所必需的,没有高低贵贱之分。"三百六十行,行行出状元",不管从事什么工作,只要能脚踏实地、兢兢业业,都能有所作为。

树立多种方式就业观。现代市场经济和信息技术导致就业形式多样化,诸如自由职业、弹性工作、临时工、家政服务等就业方式不断增加,可以更加灵活地选择。还可以通过职业介绍所、媒体广告、网上人才市场、招聘会等选择职业,实现就业。

名词点击

网络写手　速录师

网络写手,是以网络为平台的文学创造者,他们的作品有 3 个特点:"奇",即情节和构思要新颖爽快;"快",即要有更新速度;"俗",即要通俗幽默浅显易懂。在网络文学发展的初期,专注于在「电子布告栏」(Electronic Bulletin Boards—BBS)上发表文学创作,以及发表文学评论意见;21 世纪开始至今,继 BBS 之后,博客(网络日志)如雨后春笋般崛起,给众多热爱文学的年轻人提供了一个免费展示的平台,也诞生了一批博客人。

速录师,从事语音信息实时采集并生成电子文本的人员。要求从业者具备一定文化素质、心理素质、速度素质,同时遵守速录工作的职业道德。经过国家人力资源和社会保障部职业资格鉴定中心考试合格后颁发《速录师职业资格证书》。计算机速录实现方式有两种,一种是多键并击的专用键盘(俗称速录机),另一种为使用标准键盘的速录软件,其原理都是建立在汉语拼音的基础上。计算机速录师不是简单意义上的打字员,他不仅要具有与语言同步的文字录入速度,还要具备一定的综合素质和文化素养。是以记录有声语言即口语为主,要求对口语中的同音字词,多音字等能够准确判断和运用自如,同时还要掌握一些常用的英语缩略词,以适应报告会或国际中文论坛中涉及的名词术语词汇如 WTO、GDP 等。职业设有三个等级,分别为初级速录师、中级速录师和高级速录师。

(二) 全面提高劳动者素质

在求职就业中,由于竞争的激烈,对劳动者的素质要求也越来越高。

劳动者素质是指劳动者在一定的生理和心理条件的基础上,通过教育、劳动实践和自我修养等途径而形成和发展起来,在求职就业中发挥重要作用的内在品质。

首先,职业技能的高低直接影响到劳动生产率水平。职业技能作为劳动者的技术素质,是劳动者整体素质中的重要组成部分。作为从事生产劳动的手段,劳动者职业技能的高低直接影响产品质量的好坏,影响劳动生产率的高低。因此,从某种程度上可以说,一个国家的劳动者技能水平,代表着这个国家的技能水平,代表着这个国家的技术实力甚至生产力的水平。处在经济发展新起点上的中国,面对世界科学技术的竞争,必须大力提高劳动者的职业技能。

其次,劳动者职业技能的提高,是其迎接 21 世纪挑战的需要。21 世纪的职业主体是技术性工作,这就对劳动者的技能水平提出更高的要求。21 世纪的劳动者应该成为受教育程度更高、对新技术适应能力更强、具备计算机应用和跨国语言沟通能力的全面发展的人才。为适应未来社会,劳动者必须不断提高职业技能。

伴随着工业化的发展进程,劳动者的职业技能越来越受到各国的重视。美国企业用于职工的技术培训投资每年达 4 000 亿～6 000 亿美元,相当于美国近 4 000 所高等院校一年的全部费用。第二次世界大战后的原联邦德国,一直把提高职工的职业技能作为经济腾飞的"秘密武器"。日本把提高劳动者技术素质喻为"技术立国"的基石。韩国与新加坡的振兴无不与它们拥有一支素质高、技术能力强的劳动大军有关。

劳动者素质包括:思想政治素质、职业道德素质、专业技能素质、科学文化素质、心理素质和身体素质。劳动者素质的各个方面是相互影响相互联系的,无论哪一方面的缺失都会导致就业或人生的失败。思想道德和职业道德素质是灵魂;科学文化和专业技能素质是基础;身体和心理素质是保证。提高劳动者综合素质对就业或人生有着重要的意义。

　　中职学生在校学习期间,要密切关注社会上的就业动态,了解就业情况,转变就业观念,及时调整自己的学习目标和就业方向,有条件的应该不断补充学习就业所需要的技能,还要从心理上有所准备,从各方面认真做好就业准备。

第三节　收入分配,效率公平

　　生产和分配构成社会经济活动的两个基本方面。与社会主义初级阶段的基本经济制度相适应,我国实行按劳分配为主体、多种分配方式并存的分配制度。那么,我国的分配制度为什么要以按劳分配为主体? 健全生产要素按贡献参与分配的制度有什么意义? 在收入分配中如何处理好效率与公平的关系? 政府的财政收入和支出对于大众生活、经济发展有什么积极作用? 税收对于保证政府的财政收入有什么重要意义? 这些都是本单元所要探究的内容。通过学习,我们可以感受到以共同富裕为目标的社会主义分配制度的优越性,理解公民依法纳税的基本义务,增强自己的社会责任感。

一、按劳分配为主体,多种分配方式并存

(一) 按劳分配为主体

　　某村是个拥有固定资产 10 亿元以及集体固定资产人均 100 万元的富裕村。该村从分配制度上防止了不劳而获、坐享其成的"富贵病"。鼓励富裕起来的村民以劳动为荣,在劳动中享受健康人生,陶冶情操,升华人格。

　　在收入分配上,该村实行工资制,年老农民享受退休金,村民享受公费医疗,学生和儿童公费入园,村民全部住上别墅式楼房。

　　该村致富不忘贫困落后地区的人们。十多年来,用于扶持贫困地区、希望工程的款项总计达数千万元。

　　该村的收入分配有什么特点?

　　生产决定分配,生产资料所有制决定分配方式。在社会主义初级阶段,实行公有制为主体、多种所有制经济共同发展的基本经济制度,相应地就必然会实行按劳分配为主体、多种分配方式并存的分配制度。

　　按劳分配是社会主义公有制经济中个人消费品分配的基本原则。它的基本内容和要求是:在公有制经济中,在对社会总产品作了各项必要的扣除之后,以劳动者向社会提供的劳动(包括劳动数量和质量)为尺度分配个人消费品,多劳多得,少劳少得。

　　目前我国的公有制经济,生产力总体水平还不够高,劳动产品也没有极大地丰富。在按劳分配和按需分配这两种分配方式中,应该实行哪种分配方式? 目前我国劳动者的劳动能力存在着明显差别,劳动还是谋生手段。在平均分配和按劳分配两种方式中,哪一种更合理、更能促进生产的发展?

　　说出你的答案,并陈述理由。

　　实行按劳分配,是由我国的经济条件决定的。生产资料公有制是实现按劳分配的前提;社会主义公有制条件下生产力的发展水平是实行按劳分配的物质基础;社会主义条件下人们劳动的性质和特点,是实行按劳分配的直接原因。

　　实行按劳分配,劳动者的个人收入与自己付出的劳动数量和质量直接联系在一起,有利于充分调动劳动者的积极性和创造性,鼓动劳动者努力学习科学技术,提高劳动技能,从而促进社会生产的发展。按劳分配作为社会主义性质的分配制度,是对以往几千年来不劳而获的剥削制度的根本否定,是消灭剥削和消除两极分化的重要条件,它体现了劳动者共同劳动、平等分配的社会地位。

公有制在我国国民经济中占主体地位,决定了按劳分配在我国所有分配方式中占主体地位。

(二)多种分配方式并存

小吴的爸爸是一家国有企业的总工程师,月月有工资,年终有奖金;妈妈在一家外资企业做财务工作,去年增加了工资;姑姑是农民,除了承包集体土地种植蔬菜外,兼营蔬菜收购和运输,收入也有所增长;二叔开了一家个体杂货店,虽然忙些累些,可收入不少;三叔与他人合办了一家服装厂,自己直接经营,去年的税后收入比小吴的爸爸妈妈的收入总和还高出一倍。

小吴的爸爸和姑姑主要按什么方式取得收入?上述材料反映了我国目前收入分配方式有什么特点?

在我国社会主义初级阶段,除了按劳分配以外,还存在其他多种分配方式,主要包括按个体劳动者劳动成果分配和生产要素分配。

个体劳动者个人占有生产资料,独立从事生产经营活动,其劳动成果扣除成本和税款后直接归劳动者所有,构成他们的个人收入。他们既是劳动者,又是经营者、投资者,不仅要付出劳动、谋划发展,还要承担经营风险。个体劳动者的合法收入受到国家保护。

发展社会主义市场经济,同时还要健全生产要素按贡献参与分配制度。健全生产要素按贡献参与分配的制度,是对市场经济条件下各种生产要素所有权存在的合理性、合法性的确认,体现了国家对公民权利的尊重,对劳动、知识、人才、创造的尊重。这有利于让一切劳动、知识、技术、管理和资本的活力竞相迸发,让一切创造社会财富的源泉充分涌现,以造福人民。

二、收入分配与社会公平

（一）社会公平的重要体现

观点一：公平就是消灭差距，有差距就不公平。人人平均、不存在差距才是公平。

观点二：公平不在于没有差距，而在于差距是否合理。如果差距给人以激励，使经济具有活力和效率，又不影响社会稳定，就是公平。

你对公平是如何理解的？为什么？

公平的含义较宽泛，涉及经济、政治、法律等各个领域。合理的收入分配制度是社会公平的重要体现。

收入分配的公平，主要体现为收入分配的相对平等，即要求社会成员之间的收入差距不能过于悬殊，保证人们的基本生活需要。收入分配公平与平均主义有着根本的区别。公平的收入分配，是社会主义分配原则的体现，它有助于协调人们之间的经济利益关系，实现经济发展、社会和谐。

坚持和完善按劳分配为主体、多种分配方式并存的分配制度，为我国实现社会公平、形成合理有序的收入分配格局提供了重要的制度保障。

近五年来，某公司的产值平均每年增长 11％左右，企业利润平均每年增长 20％左右；与此同时，企业职工的工资增长缓慢，平均每年增长5％左右。

如果按上述趋势发展下去，会给该公司和职工带来什么不利影响？该公司在分配方面应该作出哪些改变？

保证居民收入在国民收入分配中占合理比重，劳动报酬在初次分配中占合理比重是实现社会公平的重要举措。这有利于理顺国家、企业和个人三者的分配关系，维护劳动者利益，也有利于合理调整投资与消费的关系，促进经济社会协调健康发展。当前，要逐步提高居民收入在国民收入分配中的比重,提高劳动报酬在初次分配中的比重。着力提高低收入者的收入,逐步提高最低工资标准,建立企业职工工资正常增长机制和支付保障机制。

相关链接

劳动和社会保障发布的《最低工资规定》指出:最低工资标准,是指劳动者在法定工作时间或依法签订的劳动合同约定的工作时间内提供了正常劳动的前提下,用人单位依法应支付的最低劳动报酬。

建立最低工资保障制度是适应社会主义市场经济的发展要求,充分保障劳动者合法权益的一项重要举措,有利于促进社会公平,维护社会稳定。

再分配更加注重公平是实现社会公平的另一重要举措。为此,要加强政府对收入分配的调节,保护合法收入,调节过高收入,取缔非法收入。通过强化税收调节,整顿分配秩序,把收入差距控制在一定范围之内,防止出现严重的两极分化,实现公平分配。

(二) 处理好效率与公平的关系

某公司是一家效益很好的企业,后来,公司分配向高层管理人员倾斜,一线工人的年收入不足高层管理人员工资的十分之一。巨大的收入差距导致双方关系紧张,工人的工作积极性低下,优秀工人纷纷跳槽。新的领导上任后,积极改革不合理的公司分配制度,大幅度提高一线工人的劳动报酬。从此,企业内部的关系又变得和谐了,工人的工作积极性高涨,纷纷为公司的发展献计献策,公司又红火起来。

该公司经济效益的变化说明了什么?

效率,指经济活动中产出与投入的比率,它表示资源有效利用的程度。效率提高意味着资源的节约和社会财富的增加。效率是人类经济活动追求的基本目标之一。

在社会主义市场经济条件下,效率与公平具有一致性。一方面,效率是公平的物质前提。社会公平的逐步实现只有在发展生产力、提高经济效率、增加社会财富的基础上才有可能。没有效率作为前提和基础的公平,只能导致平均主义和普遍贫穷。另一方面,公平是提高经济效率的保证。只有公平分配,才能维护劳动者权益,激发劳动者发展生产、提高经济效率的积极性。效率与公平分别强调不同的方面,二者之间存在矛盾。

发展社会主义市场经济,初次分配和再分配都要处理好效率与公平的关系,既要提高效率,又要促进公平。我国人口众多,人均自然资源相对匮乏。发展经济必须充分调动各方面的积极性,提高资源利用效率。同时,要将收入差距控制在合理的范围内,使分配的结果能促进人们奋进,使社会充满生机和活力。

相关链接

邓小平指出:"我们提倡一部分地区先富裕起来,是为了激励和带动其他地区也富裕起来,并且使先富起来的地区帮助落后的地区更好地发展。提倡人民中有一部分人先富裕起来,也是同样的道理。""一个公有制占主体,一个共同富裕,这是我们所必须坚持的社会主义的根本原则。我们就是要坚决执行和实现这些社会主义的原则。"

处理好效率与公平的关系,既要反对平均主义,又要防止收入差距悬殊;既要落实分配政策,又要提倡奉献精神;在鼓励人们创业致富的同时,倡导回报社会和先富帮后富。

三、财政与税收

(一) 国家财政

地铁作为城市交通的动脉以及其安全舒适、方便快捷的优势,成为许多大城市缓解道路拥挤的重要手段。但地铁建设投入大,成本回收周期长,使很多城市望而却步、望"铁"兴叹。

仅仅依靠个人出资能兴建地铁吗?修建地铁应该由谁来办?现实生活中,你还知道哪些服务是由政府提供的?

现实生活中,我们几乎处处能感受到政府提供的各种服务。在我国,为了履行对内对外职能,国家必须占有和消费一定的社会财富。国家的收入和支出就是财政,财政收入和支出是国家参与社会分配的两个方面。由政府提出并经过法定程序审查批准的国家年度基本收支计划,称作国家预算。上一年度国家预算执行结果的会计报告,称作国家决算。

从 2003 年至 2007 年,国家财政支出大幅向改善民生倾斜。五年中,全国财政用于教育支出累计 2.43 万亿元,比前五年增长 1.26 倍;用于医疗卫生支出累计 6 294 亿元,比前五年增长 1.27 倍;用于社会保障支出累计 1.95 万亿元,比前五年增长 1.41 倍。

结合上述材料,谈谈你对财政作用的理解。

国家财政在社会经济生活中发挥着巨大的作用。国家财政是促进社会公平、改善人民生活的物质保障。财政通过国民收入的再分配缩小收入分配差距,促进教育公平,建立社会保障体系与基本医疗卫生制度,保障和提高人民的生活水平,推动建设社会主义和谐社会。

相关链接

　　社会保障是社会安定的重要保证。社会保险、社会救助、社会福利是社会保障体系的基础；基本养老、基本医疗、最低生活保障制度是社会保障体系的重点；慈善事业、商业保险是社会保障体系的补充。

　　国家财政具有促进资源合理配置的作用。如果完全由市场配置资源，会导致投入某些行业、地区的资源严重不足，影响社会经济生活的正常运行与发展。国家通过财政支持这些行业、地区的建设，有助于资源的合理配置。例如，能源、交通运输、邮电通信、水利等基础设施行业，需要大量的资金投入，建设周期长，投资风险大，离不开国家财政的大力支持。

　　镜头一：为了应对亚洲金融危机导致的外贸出口增长速度大幅度回落、国内需求对经济增长的拉动力度不够等问题，1998 年中央决定实施扩张性财政政策，增发了 1 000 亿元长期国债。

　　镜头二：为防止经济增长由偏快转为过热，2007 年中央适当减少财政赤字和长期建设国债规模。当年中央财政赤字为 2 450 亿元，比上年减少 500 亿元；发行长期建设国债 500 亿元，比上年减少 100 亿元。

　　结合上述材料，谈谈应该怎样应用财政政策促进国民经济平稳运行。
　　国家财政具有促进国民经济平稳运行的作用。经济平稳运行要求社会总供给与社会总需求保持基本平衡，避免出现大起大落。在经济增长滞缓、经济运行主要受需求不足而被制约时，政府可以采取扩张性财政政策，通过增加经济建设支出、减少税收，刺激总需求增长，降低失业率，拉动经济增长。反之，在经济过热、物价上涨、经济运行主要受供给能力制约时,政府可以采取紧缩性财政政策,通过减少财政支出、增加税收,抑制总需求,稳定物价,给经济"降温"。

🔧 名词点击

社会总供给　社会总需求

社会总供给是指一个国家或地区在一定时期内(通常为一年)由社会生产活动实际提供的最终产品和劳务的总量。它包括两个部分:一是由国内生产活动提供的最终产品和劳务,即商品和劳务进口;二是由国外提供的最终产品和劳务。

社会总需求是指一个国家或地区在一定时期内(通常为一年)实际形成的最终产品和劳务的购买力总量。它包括两个部分:一是国内需求,包括国内投资需求和国内消费需求;二是国外需求,即产品和劳务出口。

国家通过一定的形式和渠道筹集起来的资金,就是财政收入。根据国家筹集资金的渠道,财政收入可以分为税收收入、利润收入、债务收入以及其他收入。其中,税收是国家组织财政收入最普遍的形式,是财政收入最重要的来源。

👥 相关链接

税收收入。税收在财政收入中占主导地位,它是征收面最广、最稳定可靠的财政收入形式。

利润收入。国家的利润收入主要包括国有企业税后利润中按规定上缴国家的部分,国家从参股企业中取得的分红收入。

债务收入。债务收入是国家通过借贷的方式,从国内外取得的收入。

国家财政部门在国内外发行债券、向外国或国际金融机构取得贷款,都形成债务收入。

其他收入。财政收入中的其他收入,泛指税、利、债以外的财政收入,主要包括收费、罚款和公用事业收入中上缴国家的部分。

影响财政收入的因素很多,主要是经济发展水平和分配政策。

经济发展水平对财政收入的影响是基础性的,二者是根与叶、源与流的关系。只有经济发展水平不断提高,社会财富不断增加,才能保证国家财政收入持续增长。

在社会财富总量一定的前提下,如果国家财政集中的财富过多,会直接减少企业和个人的收入,不利于企业生产的扩大和个人购买力的增加,最终将对财政收入的增加产生不利影响。如果国家财政集中的收入太少,将直接影响国家职能的有效发挥,降低财政对经济发展的支持力度,最终不利于企业的发展和个人收入的增加。因此,国家应当制定合理的分配政策,既保证国家财政收入稳步增长,又促进企业的持续发展和人民生活水平的不断提高。

国家对筹集的财政资金进行分配和使用,就是财政支出。按照具体的用途,财政支出可以分为经济建设支出,科学、教育、文化、卫生事业支出,行政管理和国防支出,社会保障支出,债务支出。

经济建设支出。主要包括基本建设支出、企业挖潜改造资金、地质勘探费用、支援农村生产支出等。国家财政用于经济建设方面的支出有利于国家集中力量办大事。

科学、教育、文化、卫生事业支出。主要包括这些单位的人员经费支出和设备购置、维护及公务费用支出。

行政管理和国防支出是指国家用于政府机关、司法部门、驻外机构以及军队建设、国防建设等方面的支出。国家财政用于财政管理和国防方面的支出是巩固国家政权、提供公共服务的物质保证。

社会保障支出。指国家为公民提供社会保险、社会救助、社会福利的各种费用。

债务支出。指国家用于偿还各种债务本息的支出。

财政收入和支出的关系,不外乎有三种情况:财政收支平衡、财政盈余、财政赤字。受多种因素的制约,财政收支完全相等的情况几乎不存在。当年的财政收入大于支出略有盈余,或支出大于收入略有赤字,都属于财政收支平衡。财政盈余是指当年的财政收入大于财政支出的部分。财政赤字是指当年的财政支出大于财政收入的部分。国家应当根据具体情形,合理确定财政收支关系,促进社会总供求平衡。

(二)征税和纳税

在汉语中,"税"字由"禾"和"兑"组成。"禾"指农产品,"兑"有送达的意思。英文中的"税"字是"tax",意指为公共目的向政府支付货币。

你能从字义上说出什么是"税"吗?请你概括东西方税收的共同点。

当我们走进商场购物,到外地旅游,去影剧院看电影,到体育场看比赛……所有这一切,都与税收息息相关。税收就发生在我们日常生活中,不管是否意识到,实际上每个人都直接或间接地与税收发生着联系。

人们习惯将税和税的征收合称为税收。从本质上看,税收是国家为实现其职能,凭借政治权力,依法取得财政收入的基本形式。有国就有税。国家通过税收组织财政收入,为自身的存在和发展提供物质保障。有税必有法。税法是税收的法律依据和法律保障。

税收具有强制性、无偿性和固定性的特征。这些特征是税收区别于其他财政收入形式的主要标志。

税收具有强制性。国家凭借政治权力强制征税。纳税人必须依法纳税,税务机关必须依法征税。

相关链接

《中华人民共和国税收征收管理法》第三条规定,税收的开征、停征以及减税、免税、退税、补税,依照法律的规定执行;法律授权国务院规定的,依照国务院制定的行政法规的规定执行。任何机关、单位和个人不得违反法律、行政法规的规定,擅自作出税收开征、停征以及减税、免税、退税、补税和其他同税收法律、行政法规相抵触的决定。

税收具有无偿性。国家取得税收收入,既不需要返还给纳税人,也不需要对纳税人直接付出任何代价。

2003 年 5 月,根据国务院的决定,财政部、国家税务总局发出紧急通知,对遭受"非典"疫情影响严重的行业实行税收优惠政策,优惠期限从2003 年 5 月 1 日至 2003 年 9 月 30 日。

国家实行税收优惠政策是否违反税收的固定性? 有人说税率一经确定就一成不变。这种说法是否正确? 为什么?

税收具有固定性。国家在征税之前就以法律的形式,预先规定了征税的对象和税率,不经国家有关部门批准不能随意改变。

税收的三个基本特征是紧密联系、不可分割的。税收的无偿性要求它具有强制性,强制性是无偿性的保障。国家必须凭借政治权力,依照法律强制性地无偿征税。税收的强制性和无偿性又决定了它必须具有固定性。如果国家可以随意征税,没有标准,就会造成经济秩序的混乱,最终将危及国家利益。

税收分为不同的种类,每个税种都有特定的纳税人、征税对象和计税标准。根据征税对象划分,目前我国税收分为流转税、所得税、资源税、财产税和行为税五大类,共二十多种。

名词点击

流转税,是以商品交换中的交易额和劳务收入额为征收对象的税种。例如,以增值额为征税对象的增值税,按营业额征收的营业税,根据应税消费品的销售额征收的消费税以及关税等。

所得税,是以各种所得额为征收对象的税种。例如,对企业所得征收的企业所得税,对个人所得征收的个人所得税。

资源税,是以开发和利用特定的自然资源为征税对象的税种。例如,开采矿藏就必须依法缴纳资源税。

财产税,是以纳税人拥有或支配的财产为征税对象的税种。例如,根据买卖房屋的契约征收的契税等。

行为税,是以纳税人的某些特定行为为征收对象的税种。例如,印花税、屠宰税等。

目前在我国,增值税和个人所得税是相对受关注的两个税种。

增值税,是以生产经营中增值额为征收对象的一种税。它的纳税人是在我国境内销售货物或者提供加工、修理修配劳务以及进口货物的单位和个人。增值税只对增值额征税。这样可以避免对一个经营额重复征税,也可以防止前一生产经营环节企业的偷漏税行为。它不仅有利于促进生产的专业化和体现公平竞争,还有利于财政收入的稳定增长。

个人所得税,是国家对个人所得征收的一种税。它的纳税人是在我国境内有住所,或者无住所而在境内居住满一年的个人。从我国境内外取得所得的个人,以及在我国境内无住所又不居住或居住不满一年而从我国境内取得所得的个人。

相关链接

个人所得税的应税项目:个体工商户的生产、经营所得;工资、薪金所得;稿酬所得;利息、股息、红利所得;经国务院财政部门确定征税的其他所得;财产租赁所得;特许权使用费用所得;对企业事业单位的承包经营、承租经营所得;劳务报酬所得;偶然所得;财产转让所得。

我国个人所得税,按应税项目不同,分别实行超额累进税率和比例税率。实行超额累进税率,纳税人所得越高,税率越高;所得越低,税率越低。个人所得税是国家财政收入的重要来源,也是调节个人收入分配、实现社会公平的有效手段。

名词点击

比例税率　超额累进税率

比例税率,即不论征税对象数额的大小,只规定一个恒定的税率。例如,我国增值税的基本税率为17%。

超额累进税率,即按照征税对象数额的大小,规定由低到高不同等级的税率,超额部分按相应等级的税率征收。我国个人工资、薪金所得税率由5%到45%,共9级,

在我国,税收取之于民、用之于民,国家利益、集体利益、个人利益在根本上是一致的。国家的兴旺发达、繁荣富强与每个公民息息相关,国家各项

职能的实现,必须以社会各界缴纳的各种税收作为物质基础。因此,每个公民在享受国家提供的各种服务的同时,必须承担义务,自觉诚信纳税。

现实生活中仍然存在着违反税法的现象。如果纳税人发生了偷税、欠税、骗税、抗税的行为,税务机关在追缴税款的同时,要加收滞纳金甚至并处罚金,触犯刑法的还要由司法部门追究其刑事责任。

偷税,指纳税人故意违反税法规定,用欺骗、隐瞒等方式不缴或少缴应纳税款的行为。例如,伪造、变造、隐匿、擅自销毁账簿和记账凭证,进行虚假的纳税申报等。

欠税,指纳税人超过税务机关规定的纳税期限,没有按时缴纳而拖欠税款的行为。

相关链接

根据税法,纳税人欠税的,税务机关除责令其限期缴纳外,从滞纳税款之日起,按日加收万分之五的滞纳金。逾期仍未缴纳的,税务机关可以从其在金融机构的存款中强制扣缴税款和滞纳金;或者扣押、查封、拍卖其价值相当于应缴纳款项的商品、货物或其他财产,以拍卖所得抵缴税款和滞纳金。

骗税,指纳税人用欺骗方法获得国家税收优惠的行为。例如,个别企业和个人通过虚列出口货物数量、虚报出口货物价格等手段骗取国家出口退税;虚报自然灾害,骗取税收减免。

我国刑法规定:以虚报出口或者其他欺骗手段,骗取国家出口退税款,数额特别巨大或者有其他特别严重情节的,处十年以上有期徒刑或者无期徒刑,并处骗取税款一倍以上五倍以下罚金或者没收财产。

抗税,指纳税人以暴力、威胁等手段拒不缴纳税款的行为。为达到不缴税的目的,拒绝接受税务机关的纳税检查,威胁、围攻、殴打税务人员等,都属于抗税行为。

　　我国刑法规定：以暴力、威胁方法拒不缴纳税款的，处三年以下有期徒刑或者拘役，并处拒缴税款一倍以上五倍以下罚金；情节严重的，处三年以上七年以下有期徒刑，并处拒缴税款一倍以上五倍以下罚金。

　　发票是消费者的购物凭证，也是税务部门进行税务管理的基础和依据。消费者是否向商家索要发票，关系到国家税款能否足额入库。购买商品索要发票，就间接地为国家的税收作出了贡献。同时，发票也是消费者维权的凭据。

四、投资理财的选择

（一）便捷的投资——储蓄存款

改革开放以来我国城乡居民人民币储蓄存款余额迅速增长

年　份	1978	1985	1995	2005	2007
金额(亿元)	210.6	1 622.6	29 662.3	141 051	172 534

我国城乡居民储蓄连年迅速增长。你如何看待这种现象？

人们为什么要把钱存入银行？

　　储蓄存款，是指个人将属于其所有的人民币或者外币存入储蓄机构，储蓄机构开具存折或者存单作为凭证，个人凭存折或者存单可以支取存款的本金和利息，储蓄机构依照规定支付存款本金和利息的活动。我国的储蓄机构主要是各商业银行。

　　随着我国人民生活水平的提高，越来越多的居民成为储蓄者。人们参加储蓄的目的各不相同，有的是为孩子上学作准备，有的是为了购房、买车，有的是为了养老，还有的是为了资金安全。

　　在我国，储蓄存款都能获取利息。存款利息是银行因为使用储户存款而支付的报酬，是存款本金的增值部分。存款利息的多少决定于三个因素：本金、存期和利息率水平。

存款利息的计算公式为：存款利息＝本金×利息率×存款期限

在我国，存款利息收入要按规定的税率向国家缴税。

名词点击

利　　率

利率，是利息率的简称，是一定期限内利息与本金的比率。利率有三种表示方法：年利率、月利率和日利率。年利率通常用百分数表示，月利率通常用千分数表示，日利率用万分数表示。它们的关系为：年利率＝月利率×12（月）＝日利率×365（天）。在我国，储蓄存款基准利率由中国人民银行拟定，经国务院批准后公布。储蓄机构必须挂牌公告储蓄存款利率，不得擅自变动。

目前，我国的储蓄主要有活期储蓄和定期储蓄两大类。活期储蓄，是指储户可以随时存入和提取、不规定存期、存款的金额和次数不受限制的储蓄方式。定期储蓄，是指事先约定期限、存入后不到期一般不得提前支取的储蓄方式。存期越短，利息率越低；存期越长，利息率越高。

作为投资对象，活期储蓄流动性强、灵活方便，适合个人日常生活待用资金的存储，但收益低。定期储蓄流动性较差，收益高于活期储蓄，但一般低于债券和股票。因为银行的信用比较高，储蓄存款比较安全，风险较低。但也存在通货膨胀情况下存款贬值及定期存款提前支取而损失利息的风险。

在我们生活的地区，一般都会看到许多银行网点。在整洁的银行营业大厅中，人们办理着各种业务。

你所在的地区有哪些商业银行？

你能列举商业银行为企业或居民提供的各种服务吗？

商业银行是指经营吸收公众存款、发放贷款、办理结算等业务，并以营利为主要经营目标的金融机构。在我国的商业银行以国家控股银行为主体,是我国金融体系中最重要的组成部分。

商业银行的主要业务有三类。

(1) 存款业务。存款业务是商业银行以一定的利率和期限,向社会吸收资金,并且按规定还本付息的业务。这是商业银行的基础业务。没有存款,就没有足够的资金和基础开展其他业务,就没有商业银行。

(2) 贷款业务。贷款是商业银行以一定的利率和期限向借款人提供货币资金,并要求偿还本金和利息的行为,它是我国商业银行的主体业务,是商业银行营利的主要来源。

从贷款对象看,主要有工商业贷款和消费贷款。前者是发放给工商企业的贷款;后者是对消费者个人发放的,用于购买住房、汽车等耐用消费品。

银行主要评估借款人的信用状况,根据评估的结果决定是否发放贷款。

李先生到银行申请买车贷款,工作人员从电脑中调出他的资信情况后,告诉他现在无法从银行贷到款。原来两年前在办理住房贷款时,李先生没有按贷款合同如期还款,曾有几次逾期。由于有不守信用的记录,在近期内李先生不能从银行贷到任何款项。看来实现"轿车梦"的日子只有延期了。

诚信与贷款有什么关系? 联系身边事例,说明诚信在金融生活中的重要性。

(3) 结算业务。结算业务是商业银行为社会经济活动中发生的货币收支提供手段和工具的服务。银行对此收取一定的服务费用。

除上述三大业务外,商业银行还为我们提供债券买卖及兑付、代理买卖外汇、代理保险、提供保管箱等服务。

商业银行在我国社会主义经济发展中发挥着巨大的作用。它为我国经济建设筹集和分配资金,是社会再生产顺利进行的纽带。它能够掌握和反映社会经济活动的信息,为企业和政府作出正确的经济决策提供必要的依据。通过银行,可以对国民经济各部门和企业的生产经营活动进行监督和管理,从而优化产业结构,提高国民经济效益。

(二)高风险、高收益同在——股票

镜头一:一天,小戴到银行去取1年前存入的5万元钱。当他拿到不足2000元的利息时,叹了口气,觉得利息太少。正巧这是他碰到一位在股市炒股的朋友,劝他到股市一试身手。于是,小戴第二天就拿上这5万元开了户。刚过三天,他就赚了3000元。他十分兴奋:5万元放在银行1年,利息不足2000元,而在股市只放了3天,就赚了3000元,这是多大的差距啊!他拿定主意:凭着自己的才智,到股市去搏一搏!

镜头二:刘先生从事金融工作。前几年股市市场火爆的时候,很多人买卖股票赚了钱。他自信地想,自己是专门研究金融的,难道会比他们差?于是他进了股市。但事实刚好相反,半年下来,他的股票市值缩水25%,最后还是在亏损的情况下退出了股市。从这以后,刘先生将工资存进银行,慢慢积累财富,再也不买股票了。

根据上述事例,谈谈你对股票投资的看法。股票投资对于国民经济的发展有何作用?

股份有限公司有多种筹集资金的方式,除了从银行贷款外,发行股票是一种重要的方式。股票是股份有限公司在筹集资本时向出资人出具的股份凭证。股票代表其持有者(即股东)对股份公司的所有权。这种所有权是一种综合权利,包括参加股东大会、投票表决、参与公司的重大决策、收取股息或分享红利等。

在向股份有限公司参股投资取得股票后,股东不能要求公司返还其出资。如要改变股东身份,要么等待公司的破产清盘,要么将股票转售给第三人。经国家证券管理部门审批同意后,股票可以在证券市场上流通买卖。

相关链接

在我国,并不是所有的股份有限公司的股票都能上市交易。股份有限公司申请其股票上市交易必须符合一定的条件,并要经国务院证券监管机构核准。股票买卖一般通过证券交易所进行,我国现在有上海证券交易所和深圳证券交易所两个证券交易所。

股票投资的收入包括两部分。一是股息或红利收入,即股票持有人作为股东享有的从股份公司取得的利润分配收入。它来源于企业利润。公司有盈利才能分配股息。如果公司破产倒闭,股东不但不能获得股息,反而要赔本。这是购买股票的一种风险。股票投资的另一部分收入来源于股票价格上升带来的差价。由于股票价格要受到诸如公司经营状况、供求关系、银行利率、大众心理等多种因素的影响,其波动有很大的不确定性。这使得股票投资者有可能遭受损失。价格波动的不确定性越大,投资风险也越大。因此,股票是一种高风险的投资方式。

股票市场的建立和发展,对搞活资金流通,提高资金使用效率,筹备建设资金,促进企业改革和发展,有重要作用。

（三）稳健的投资——债券

天还没亮,沈爷爷就出门了,他要到工商银行去买新一期国债。上午九时,工商银行门口排队购买国债的队伍有 300 多人。一家报纸打出"国债热烘烘,买债起三更"的醒目标题报道此事。沈爷爷对记者说:"国债利率总比储蓄利率高一点儿,我们没什么本钱和精力去炒股,投资国债比较适合,风险也小,所以赶早来买。"

国债素有"金边债券"之称,你知道其中的原因吗? 你了解其他债券吗?

发行债券是企业或政府筹集资金的另外一种重要方式。债券是一种债务证书,即筹资者给投资者的债务凭证,承诺在一定时期支付约定的利息,并到期偿还本金。一般来说,债券主要由期限、面值、利率和偿还放方式等要素组成。

股票和债券在功能、性质、偿还方式方面有何异同?

名称	功　能	性　质	偿　还　方　式
股票	筹集资金	入股凭证	股金不能退,只能出售股票
债券	筹集资金	债务凭证	有明确的付息期限,到期偿还本金

目前在我国,根据发行者不同,债券主要分为国债、金融债券和企业债券。

国债,是政府为筹集财政资金而发行的一种政府债券,是政府向投资者出具的并承诺在一定时期支付利息和到期偿还本金的债务凭证。政府发行国债的目的,往往是弥补国家财政赤字,或者为一些耗资巨大的建设项目、某些特殊经济政策乃至为战争筹集资金。由于国家以中央政府的信誉担保、以税收作为还本付息的保证,因此风险小。国债利率较其他债券低,但一般高于相同期限的银行储蓄存款利率。

金融债券,是由银行和非银行金融机构发行的债券。金融债券与企业债券相比,违约风险较小。与此对应,其利率通常低于一般的企业债券,但高于风险更小的国债和银行储蓄存款。

企业债券,是企业依照法定程序发行,约定在一定期限内还本付息的债券。企业主要以自身的经营利润作为还本付息的保证,企业债券是一种风险大的债券。因此相对应地,企业债券的利率通常高于国债和金融债券。

我国的债券中,有的可以上市交易,从而使相关债券具有较好的流通性。

相关链接

对股票和债券等有价证券进行投资,可以通过间接的方式来进行,即购买证券投资基金,简称"基金"。基金,是指一种利益共享、风险共担的集合证券投资方式,即通过发行基金单位,将社会上大大小小的投资者手中的钱集中起来,交给有关证券投资专家管理和应用,从事股票、债券等金融投资,所得收入或风险由各个投资者按出资比例分享或承担。作为投资工具,基金的优势主要在于专家经营、专业管理,比较适合于缺乏足够投资知识、时间和精力的投资者。

（四）规避风险的途径——保险

你平时接触保险吗？你知道保险有哪些种类吗？谈谈保险对于个人和社会的作用。

现实生活中,我们可能面临各种各样的风险。如果某些意外发生,可能会使我们遭受重大损失。而购买保险,正是规避风险的有效措施。这里所讲的保险,是区别于社会保险的商业保险。

商业保险,指投保人根据合同约定,向保险人支付保险费,保险人对于合同约定可能发生的事故因其发生所造成的财产损失承担赔偿保险金责任,或者当被保险人死亡、伤残、疾病或者达到合同约定的年龄期限时,承担给付保险金责任的行为。

？专家点评

通过购买保险,投保人把风险转移给保险人,使自己所承担的风险损失下降。这不仅体现出保险的保障功能,还显示出保险"人人为我,我为人人"的互助特征。

在我国,只有依法设立的保险公司才能经营保险业务,其他单位和个人不得经营保险业务。保险分为人身保险和财产保险两大类。人身保险是以人的寿命和身体为保险对象,如健康险、意外伤害险、人寿险等。财产保险是以财产以及相关利益为保险对象,如汽车保险、运输保险等。投保人和保险人应当遵循公平互利、协商一致、自愿订立的原则,签订保险合同。

储蓄存款、股票、债券和保险等各有各的特点。认清各种理财方式的利弊,才能更好地规避风险,使自己的资金保值增值。

假如你有 10 万元闲置资金,请考虑各种因素,试设计一套最中意的理财方案。

第四节　商品交换的场所

一、市场交易规则

在人类社会的发展过程中,市场是和商品经济同时产生和发展的。市场有狭义和广义之分。狭义的市场是指商品交换的场所,即有形市场。

百货商店和各种集市都属于此类市场。在这些固定的场所,供求双方的交易得以实现。

历史上,早期的市场就是买卖商品的地方。农村集贸市场上,有粮市、菜市、柴市、果品市、牲畜市等。北京至今仍保留有米市大街、煤市街、锣鼓巷、菜市口、珠市口、灯市口、磁器口、花市等街道名称。在天津人面前讲话,称赞上几句远近闻名的"南市",人们之间的感情就会拉近。还有上海的城隍庙,等等。这些有名的市场都让当地人感到自豪。

广义的市场包括有形市场和无形市场。所谓无形市场,是指没有固定交易场所的市场,买卖双方靠广告、中间商等交易形式,寻找货源或买主,实现交换。比如,有些厂家把自己的产品名号等输入电脑信息网络,用户如果需要某种商品,可根据网络上的信息,通过电话、电子邮件或传真联系,就可以进行异地交易。在这里,买卖或交换的实现过程就是市场。因此,广义的市场就是商品交换关系的总和。

商品服务市场,是商品、服务交易的场所。经营商品和服务的行业,统称商业和服务业。各种市场的规模不同,经营范围各异。有的规模大,有的规模小;有的品种多,有的品种少;有的位于乡村路旁,有的位于都市街巷。它们都是买卖商品和服务的地方。

商品服务市场是由消费品市场、生产资料市场和服务市场构成的。

消费品市场,是提供最后的、直接的生活消费品的市场。消费品是最终产品,生产部门生产出来的消费品,只有销售出去,才能实现其价值,才能使消费者获得某种使用价值。消费品市场具有自己的特点。

(1) 购买者人数众多,每个人都可以是消费品市场上的购买者。这就使得消费品市场广阔,设施分散,布局广泛。

(2) 商品品种繁多,花式多样,规格齐全,并具有一定程度的差异性,如民族、地区、性别、年龄特色等。

(3) 商品交易次数频繁,除批发业务外,一般每次交易的数量和金额较小。

(4) 供求关系复杂多变,购买力流动性大。特别是随着交通、通信和旅游业的发展,在大中城市、旅游点和交通枢纽等地点,流动购买力占相当大的比重。

(5) 购买者容易受广告宣传促销活动的影响。由于消费品市场上的购买者大都没有专门的商品知识,因此,购买者在琳琅满目的商品面前,往往受到广告宣传、售后服务等外界因素的影响。

生产资料市场,是生产资料流通的场所,是提供生产资料以满足生产需要的市场。生产资料的流通是连接生产与生产性消费的纽带,生产资料市场既依赖于生产,同时又服务于生产。生产资料市场上的购买者以各类企业为主,企业所需的生产资料数量大、金额高,属大宗购买和固定购买,因而购买的次数少,使用周期较长。生产资料商品的专用性强,技术服务要求高,购买者一般对商品的品种、规格、数量、质量、交货期、标准化等都有严格的要求。

服务市场,是指买卖"服务"这种无形商品的场所。服务业是为社会生产和生活提供服务性劳动的国民经济部门。服务市场与人们的衣、食、住、行、用等日常生活息息相关。

我国的服务市场主要包括旅馆、理发、美容、照相、娱乐、医疗保健、洗染、浴池、修理、饮食、旅游、殡葬、环卫、水电供应、电话、交通、广告及网络服务等。服务市场上交易的商品往往不是有形的商品,而是某种劳务。有些是加工性服务,如烹饪、缝纫、修理等;有些是直接对消费者的活动性服务,如旅店、理发、浴池等;有些则是综合性的服务,如旅游,既包括名胜古迹、山水景色的游览,又包括食宿、文娱等服务。

服务市场也有自己的显著特点:

(1) 服务市场上交易的商品是无形的服务性活动。销售者利用一定的场所、设备和工具,通过提供服务性劳动,来满足购买者某一方面的特殊需求。

（2）服务市场上的商品，其生产和消费在时间和地点上，通常是一致的，生产过程和消费过程同时进行。而一般商品的生产时间和消费时间则是分开的，地点也不一致。

（3）服务市场上提供的服务，门类繁多，功能多门类繁多，功能多样，与人们生活质量的提高息息相关，密不可分。因此，随着社会的发展，这种服务市场的范围会扩展得越来越大。

商品服务市场在市场经济中占据极其重要的地位。首先，商品服务市场是基础市场，是建立和健全社会主义市场经济体制的必要前提。只有当商品服务市场发展到一定的规模和水平，才会产生其他市场。也就是说，只有随着商品服务市场的发展，才会相应地产生、发展其他市场的需要，并提供一切可能的条件。其次，商品服务市场是人们生产、生活所需要的各种商品和服务进行交换的载体。在现代社会中，人们要维持生存和发展，必须通过市场，出卖或购买各种商品和服务；企业进行生产经营，必须把所生产的商品和服务销售出去，才能保证生产和经营所需要的资金。同时，再生产所需要的生产资料和生活资料，也只能从商品服务市场上得到供应。离开商品服务市场，整个社会的生产和生活就无法正常进行。

二、市场交易的原则

在今天的市场经济条件下，商品服务市场上的一切交易活动，必须遵循一定的规则，遵守一定的秩序。这种规则和秩序的根据，就是市场交易原则。

遵守市场交易原则，是保证市场交易活动有秩序、按规则进行的基本条件。有了这个原则，从事各项交易活动便有章可循，买卖双方才不致引起纠纷，从而使交易顺利进行。如果没有这个原则，市场交易必然无秩序,就会陷入混乱的状态。交易活动是商品服务市场上的基本活动,所以市场交易原则对于规范经营者和消费者的交易活动,具有至关重要的作用。

市场交易原则主要包括自愿、平等、公平、诚实信用。它们从不同的方面,规范着市场上买卖双方的交易方式和交易行为。

自愿,是市场交易的基本原则。任何一桩商品服务交易的成功,必须以自愿为前提。卖者出售自己的商品或服务,必须能补偿自己的劳动耗费;买者愿意购买商品,又必须按可以接受的价格满足自己的消费需要。而这一切,只有在买卖双方自愿的条件下才能实现。强买强卖,就会破坏正常的市场交易规则,损害双方的利益,造成买卖双方之间的矛盾,使交易不能达成。

平等,是市场经济的一般特征,也是市场交易的重要原则。在商品服务市场上,尽管交易双方分别以购买者和销售者的不同身份出现,但都是地位平等、机会均等的市场主体。销售者在由市场形成的商品服务价格中,平等竞争,优胜劣汰;购买者机会均等地从市场上选购商品和服务;购买者和销售者机会均等地进出市场,等价交换。销售者与销售者之间,销售者与购买者之间,购买者与购买者之间,是一种平等竞争、平等交换的关系。因此,买者要尊重卖者,绝不能把销售者只看成是"卖货的""服侍人的"。卖者也应当尊重买者,要真正树立"顾客至上"的观念,文明经商,礼貌待客,屡问不烦,全心全意为顾客服务,决不能"势利眼",以貌取人,把顾客分成三六九等。

公平,是市场交易原则的重要内容。所谓公平,就是公平交易,明码标价,童叟无欺。作为市场交易灵魂的公平原则,是衡量市场交易活动是否有序、是否规范的试金石。如果缺乏公平,市场交易就会出现缺斤短两、坑蒙拐骗、黑市交易等种种违反市场交易原则的行为,消费者的利益就会受到损害,甚至消费者的生命财产也会受到侵害。公平的市场交易活动一旦遭到破坏,种种矛盾和纠纷就会不断出现。

奸商做生意,奉行的是"若要发,众人头上刮"那套损人利已的生意经。缺斤短两是他们克扣顾客的惯用手法。

> **市无公平不立,商无公平不兴。**
>
> ——谚语

据工商管理部门对某市场摊贩的衡器进行突击检查,失准率竟高达34.8%。有些商贩故意在衡器上做手脚,卖出的商品实际分量只有标价的七八成。有些服务市场上的收费是低价高收,以次充好。

诚信是现代市场交易活动的基本精神。诚信可以带来效益,提高销售者的信誉,使消费者"信得过"销售者,从而使交易市场客流如云,生意兴隆,买卖越做越大。相反,如果缺乏诚信,任凭掺杂使假、以次充好、假冒伪劣、非法销售等种种违背市场交易原则的行为泛滥,市场交易秩序就得不到维护,正常的交易活动也就无法进行。因此,市场需要诚信,市场呼唤诚信。

第二章
社会主义市场
经济与职业设计

在现代经济生活中,生产、分配、交换、消费都是在市场经济条件下进行的。什么是市场经济? 我国的社会主义市场经济又有什么特点? 发展社会主义市场经济为什么离不开国家的宏观调控? 全面建设小康社会的经济目标是什么? 如何准确理解科学发展观的内涵? 如何促进国民经济又好又快发展? 在经济全球化的进程中,我国如何积极参与世界市场的竞争,提高开放型竞技水平? 这些都是本单元所要研究的内容。通过学习,我们将进一步明确,社会主义市场经济是同社会主义基本制度结合在一起的,既可以发挥市场经济的长处,又可以发挥社会主义制度的优越性;深入贯彻落实科学发展观,发展社会主义市场经济,是全面建设小康社会的重要任务,是推进中华民族伟大复兴的必经之路。

第一节　走进社会主义市场经济

在我国,社会主义市场经济蓬勃发展。什么是市场经济? 市场配置资源有什么优点和局限性? 社会主义市场经济有什么特征? 搞清这些问题,有助于我们深刻理解发展社会主义市场经济的意义和改革开放以来我国经济迅猛发展的原因。

一、市场配置资源

（一）市场调节

人类社会为什么要合理配置资源？

你能想出哪些方式配置这些资源？试对这些方式作出利弊比较。

人的需求是多种多样的，但在一定时期和范围内，社会能够加以利用的资源总是有限的。如果用于生产某种产品的资源增加，用于生产其他产品的资源就会减少。为了尽量满足多方面的需要，社会必须合理配置有限的资源。

计划和市场是资源配置的两种基本手段。市场在资源配置中起基础性作用的经济就是市场经济。在市场经济中，生产什么、如何生产和为谁生产，主要是通过价格的涨落以及供求的变化并由市场进行调节的。哪种商品在市场上好卖，人们就扩大生产；哪种生产要素的价格昂贵、供应紧张，人们就减少这种要素的使用。市场中好像有一只"看不见的手"在引导着商品生产者、经营者，调节人、财、物在全社会的配置。

在瞬息万变的经济生活中，市场能够通过价格涨落比较及时、准确、灵活地反映供求关系变化，传递供求信息，实现资源配置。面对市场竞争，商品生产者、经营者在利益杠杆的作用下，积极调整生产经营活动，从而推动科学技术和经营管理的进步，促进劳动生产率的提高和资源的有效利用。

（二）市场秩序

市场经济是竞争经济，市场竞争类似于体育竞赛，离不开竞赛规则。

在市场竞争中，谁是运动员？谁是裁判员？如果有人既当裁判员又当运动员，会导致什么后果？

如果没有"游戏规则"，对市场经济的运行会带来哪些影响？

试剖析几种不遵守市场"游戏规则"的现象。

没有规矩不成方圆,只有具备公平、公正的市场秩序,形成统一开放、竞争有序的现代市场体系,市场才能够合理配置资源。良好的市场秩序依赖市场规则来维护。

市场规则以法律法规、行政规范、市场道德规范等形式,对市场运行的方方面面作出具体的规定。凡不符合市场准入规则的企业、商品,均不允许进入市场。禁止各种形式的地方保护、非法垄断及其他非法竞争行为。市场交易必须自愿、平等、公平、诚实守信,禁止强买强卖、巧取豪夺、牟取暴利、坑蒙拐骗等非法行为。

❓ 专家点评

市场规则主要包括市场准入规则、市场竞争规则和市场交易规则。市场准入规则规定哪些企业、商品可以进入市场,市场竞争规则维护市场的公平竞争,市场交易规则主要对交易方式和行为作出规定。

在市场交换中,人们可能今天付款,过一段时间才取货,可能先取货,过一段时间才付款,也可能在甲地付款,而在乙地取货。

随着商品的科技含量增加,商品的功能越来越复杂,消费者对商品质量的辨别越来越困难,生产经营者对商品质量的了解要比消费者多得多。

在上述情形下,参与是市场交易会有什么风险?
怎样才能有效地避免这些风险?

诚信是现代市场经济正常运行必不可少的条件。诚信的缺失会导致市场秩序混乱、坑蒙拐骗盛行,进而导致投资不足、交易萎缩、经济衰退。形成以道德为支撑、法律为保障的社会信用制度,是规范市场秩序的治本之策。为此,要切实加强社会信用建设,健全社会信用体系,尤其要加快建立信用监督和失信惩戒制度。

总之,市场经济的健康发展,需要法律、道德的规范和引导。每个经济活动参与者都必须学法、懂法、守法、用法,既保证自己的经济活动符合法律的规范,又能够运用法律维护自己的权益。每个经济活动参与者都应该树立诚信观念,遵守市场道德,逐步在全社会形成诚信为本、操守为重的良好风尚。

(三)市场调节的局限性

有一段时间,苹果的价格很高,不少地方的农民砍掉其他果树,改种苹果。可是,没过几年,苹果大量积压,价格直线下降,甜苹果变成了农民的"伤心果"。

甜苹果变成"伤心果",反映出市场调节具有哪些缺陷?

枪支、弹药及麻醉品能否通过市场来调节吗? 为什么?

市场调节不是万能的。市场解决不了国防、治安、消防等公共物品的供给问题。枪支、弹药及危险品、麻醉品等也不能让市场来调节。因为如果听任经营者自由经营这些产品,会严重危害公民的身心健康,败坏社会风气,影响社会安定。

⚙ **名词点击**

公 共 物 品

公共物品,是指在消费上具有非竞争性、非排他性的物品。非竞争性,是指当一个人消费该物品时并不会减少其他人对这种物品的消费。非排他性,是指要阻止一个人免费享用该物品的代价非常大。

市场调节存在自发性、盲目性、滞后性等固有的弊端。

在市场经济中,在价值规律的自发调节下,为了自身的眼前利益,有的工厂大量排放废气、废水,甚至制假售假;有的人为了自身获取不正当利益,剽窃他人的劳动成果,对他人辛苦开发出来的软件进行盗版。

生产经营者不可能完全掌握市场各方面的信息,也无法控制经济变化的趋势,因而其决策会带有一定的盲目性。当某种商品的生产有利可图时,他们往往一拥而上;反之,则一哄而散。

市场调节是一种事后调节,从价格形成、价格信号传递到商品生产的调整有一定的时间差。

因此,如果仅由市场调节,会导致资源配置效率低下、资源浪费;社会经济不稳定,产生经济波动并引起混乱;收入分配不公平,收入差距拉大,甚至导致严重的两极分化。

二、社会主义市场经济

(一)社会主义市场经济的基本特征

社会主义市场经济是同社会主义制度结合在一起的,市场在国家宏观调控对资源配置起基础性作用。社会主义市场经济既具有市场经济的共性,又具有自己鲜明的特征;既可以发挥市场经济的长处,又可以发挥社会主义制度的优越性。

普通百姓购买空调,已不再是新鲜事,这得益于我国空调行业的迅速发展。2003 年,我国空调年产量 3 000 多万台。空调行业既有国有企业、集体企业,也有私营企业、中外合资企业。销售位居前列的主要是国有企业和集体企业。

这则材料反映出我国市场经济的什么特征?

有人认为,市场经济只能以私有制为基础。这种看法的误区何在?

坚持公有制的主体地位。资本主义市场经济建立在资本主义生产资料私有制的基础上。坚持公有制的主体地位,是社会主义市场经济的基本标志。

近几年,为了增加农民收入,我国政府采取了哪些重要措施?
这些措施反映出我国市场经济的什么特征?

以共同富裕为根本目标。资本主义市场经济由于以生存资料私有制为基础,人们在生产过程中所处的地位不同,必然导致收入分配的两极分化。在社会主义初级阶段,我国鼓励一部分地区和个人通过诚实劳动、合法经营先富起来,但这只是共同致富必然经历的过程。最终实现共同富裕,才是发展社会主义市场经济的根本目标。

"西电东送"、"西气东输"都是我国实施西部大开发战略的重要举措。
我国为什么能进行如此巨大的工程建设?

能够实现强有力的宏观调控。加强宏观调控是社会主义市场经济的内在要求。社会主义市场经济能够发挥国家集中人力、物力、财力办大事的优势,使国家对经济的宏观调控做得更好、更有成效。

把坚持社会主义基本制度同发展市场经济结合起来,是我国改革开放带来的宝贵经验。社会主义市场经济能够把社会主义基本经济制度的优势同市场经济的长处结合起来,把人民的当前利益和长远利益、局部利益和整体利益结合起来,更好地发挥计划和市场两种手段的长处,更加充分地发挥社会主义制度的优越性。

(二) 加强宏观调控

社会主义市场经济的正常发展,既需要充分发挥市场调节的作用,又需要加强国家宏观调控。加强宏观调控,不仅仅是为了弥补市场调节的不足,更是由我国的社会主义性质决定的。社会主义公有制及共同富裕目标要求国家必须发挥宏观调控职能。

近年来,我国采取了一系列有效措施,加强和改善宏观调控,促进经济平稳快速发展。主要措施有:

严把土地闸门,严肃查处违法违规用地行为;

多次及时调整金融机构存款准备金率、存贷款基准利率;

加强财政、税收对经济运行的调节;

加强新上项目市场准入审核,提高市场准入门槛。

国家为什么要进行宏观调控?

上述措施体现了哪些宏观调控手段?

宏观调控,是指国家综合运用各种手段对国民经济进行的调节和控制。我国宏观调控的主要目标是:促进经济增长,增加就业,稳定物价,保持国际收支平衡。国家运用经济手段、法律手段和必要的行政手段,实现宏观调控的目标。

经济手段,是国家运用经济政策和计划,通过对经济利益的调整来影响和调节经济活动的措施。财政政策和货币政策是国家在宏观调控中最常用的经济手段。国家还可以通过制定和实施经济发展规划、计划等,对经济活动参与者进行引导,以实现国民经济的持续快速健康发展。

相关链接

国家通过财政收入和财政支出政策和控制货币供应量、利率、信贷等,可以影响社会总需求,实现国民经济的稳定增长。财政政策和货币政策均可分为扩张性政策和紧缩性政策两大类型。在实际运用时,采取哪种类型的政策,依具体情况而定。

法律手段,是国家通过制定和运用经济法规来调节经济活动的手段。一方面,国家通过经济立法,规范经济活动参与者的行为,调整社会经济关系;另一方面,国家通过经济司法活动,保证各项经济政策的执行、经济合同的履行,打击各种经济违法犯罪行为。

行政手段,是国家通过行政机构,采取带强制性的行政命令、指示、规定等措施,来调节和管理经济的手段。

国家宏观调控,以经济手段和法律手段为主,辅之以必要的行政手段,形成有利于科学发展的宏观调控体系,充分发挥宏观调控手段的总体功能。

第二节 经济全球化与对外开放

当今世界,经济全球化深入发展,各国的经济联系日益紧密,中国的发展离不开世界,实行对外开放是我国的一项基本国策。经过多年的发展,我国的对外开放取得了巨大成就。我们要把坚持独立自主同参与经济全球化结合起来,抓住机遇、迎接挑战,立足国内、放眼世界,加快社会主义现代化建设进程。

一、面对经济全球化

(一) 经济全球化深入发展

你接触过哪些外国品牌的商品? 你知道哪些中国商品在国际市场上畅销?

谈谈你所感受到的经济全球化。

在日常生活中,从家电、汽车到服装、食品,"洋货"随处可见;我国制造的商品也走出国门,世界各地都可以买到中国货。总之,我们几乎处处感受到经济全球化所带来的影响。

经济全球化,指商品、劳务、技术、资金在全球范围内流动和配置,使各国经济日益相互依赖、相互联系的趋势。经济全球化的表现是多方面的,其中主要是生产全球化、贸易全球化和资本全球化。

"空中客车"宽体客机,是欧洲许多国家联合生产的。

为什么一架飞机由许多国家共同生产?

你还知道哪些产品是由许多国家共同生产的?

生产全球化。随着科学技术的发展,生产领域的国际分工与协作不断深化、加强,世界各国的生产相互联系、相互协作,各国的生产活动成为世界生产链条中的一个环节。许多商品(如汽车、计算机),虽然品牌是某国的,其实是许多国家共同协作完成的。

甲国:每人的劳动生产率→(生产)粮800千克→(或生产)肉600千克

乙国:每人的劳动生产率→(生产)粮1 000千克→(或生产)肉1 200千克

如果甲乙两国进行贸易,双方应该如何充分发挥自己的相对优势?

在国际市场上,我国的哪些产品具有优势?哪些产品不具有优势?

贸易全球化。随着各国对外开放程度的提高,世界各国都被卷入国际商品交换中,国际贸易规模迅速扩大,参与交换的商品种类越来越多,从一般商品到各类服务都进入了交易范围。

相关链接

资本全球化。伴随着生产和贸易全球化,资本的触角伸向全球,资本在国际间的流动速度不断加快,投资者只要在计算机上敲几个键,大量资金就可以短时间内从全球一个市场转移到另一个市场。

目前全球大约有 6.5 万家跨国公司。它们大约控制着世界生产总值的 30%、世界贸易的 60%、技术研究开发及技术转移的 80%,以及海外直接投资的 90%。

你知道哪些世界著名的跨国公司？它们的主要业务是什么？

跨国公司的迅速发展为经济全球化提供了强有力的载体。跨国公司是指在母国拥有一个总部,并在其他国家或者地区拥有子公司的国际性企业。为了实现自己的最大利益,跨国公司在全球范围内利用各地的优势组织生产,经营活动的触角几乎延伸到世界的每个角落。其全球化的生产经营方式大大促进了资金、技术、人力、商品等在全球范围内的流动,推动了国际分工水平的提高。

（二）经济全球化的影响

改革开放前,我国珠江三角洲是一个经济落后的地区。如今,这里已成为举世闻名的现代化制造业中心。珠江三角洲的经济发展,在很大程度上是因为它抓住了经济全球化的机遇,充分发挥了当地地区的优势。

对于广大发展中国家来说,经济全球化提供了哪些机遇？

经济全球化是生产力的产物,推动了生产力的发展。它促进了生产要素在全球范围内的流动、国际分工水平的提高以及国际贸易的迅速发展,从而推动了世界范围内资源配置效率的提高、各国生产力的发展,为各国经济提供了更加广阔的发展空间。

1983 年,高收入发达国家的人均国内生产总值是低收入发展中国家的 43 倍,自 20 世纪 90 年代以来,这个比例一直维持在 60 倍以上。目前全世界日均生活费不足 1 美元的极端贫困人口依然有大约 9.8 亿。

经济全球化一定会使世界各国普遍受益吗? 为什么?

现阶段,经济全球化实质上是以发达资本主义国家为主导的。发达国家具有经济和科技上的优势,掌握着推动经济全球化趋势的现代信息技术,主导着世界市场的发展,左右着国际经济的"游戏规则"。这种经济全球化使世界经济发展更加不平衡,两极分化更加严重。一边是发达国家财富的不断积累,一边是发展中国家贫困的不断加剧。

1997 年,泰国货币大幅度贬值引发的金融危机迅速波及整个东南亚,连韩国、日本也未能幸免,其影响远远超出了亚洲。这场金融风暴波及之广、影响之深,实属罕见。它给世界经济发展造成了巨大的损失。

搜集与亚洲金融危机有关的材料,谈谈你对经济全球化也意味着"风险全球化"的看法。

经济全球化使世界各国的经济联系在一起,这在促进各国经济合作的同时,也使得一个国家的经济波动可能殃及他国,甚至影响全世界,加剧全球经济的不稳定性,尤其对发展中国家的经济安全构成极大的威胁。

对发展中国家来说,经济全球化是一把"双刃剑",既是机遇,又是挑战。在经济全球化的趋势面前,任何国家都无法置身事外。我们应当抓住机遇,积极参与,趋利避害,防范风险,勇敢地迎接挑战。

? 专家点评

进入新世纪新阶段,我国对外开放日益扩大,同时面临的国际竞争日趋激烈,发达国家在经济科技上占优势的压力长期存在,可以预见和难以预见的风险增多,统筹国内发展和对外开放要求更高。

二、积极参与国际经济竞争与合作

（一）对外开放的新阶段

加入世贸组织,对我国经济生活有什么影响?

世界贸易组织（WTO）,是世界上最大的多边贸易组织,成立于1995年1月1日。它与世界银行、国际货币基金组织并称为世界三大经济组织。世贸组织在国际经济贸易领域中发挥着积极的作用,它积极组织多变谈判,为国际贸易制定一系列基本原则和协定,为成员提供解决贸易摩擦和冲突的场所。

世贸组织的基本原则,有非歧视原则、市场准入原则、互惠原则、公平竞争与公平贸易原则,以及贸易政策法规透明原则等。其中最重要的是非歧视原则,包括最惠国待遇原则与国民待遇原则。

名词点击

最惠国待遇 国民待遇

最惠国待遇,是指给惠国给予受惠国或者与该受惠国有确定关系的人或物的优惠不低于该给惠国给予第三国或者与该第三国有同样关系的人或物的待遇。

国民待遇,指在民事权利方面,缔约方保证另一方的公民、企业和船舶在本国境内享受与本国公民、企业、船舶同等的待遇。

我国于2001年12月11日正式加入世贸组织。加入世贸组织,是我国应对经济全球化的重要战略决策,标志着对外开放进入了一个新阶段。

我国抓住了加入世贸组织带来的机遇,积极应对新的冲击和挑战,为我国经济社会发展赢得了良好的国际环境,促进了社会主义市场经济体制的健全,推动了开放型经济水平的提高,带动了国内产业机构的优化升级,创造了大量的就业机会,提高了人民群众的收入与生活水平。实践证明,我国加入世贸组织的战略决策是完全正确的。

(二)提高开放型经济水平

20世纪70年代末,我国做出了对外开放的重大决策,对外开放成为我国一项长期的基本国策。经过多年的发展,逐步形成了全方位、宽领域、多层次的对外开放格局,极大地促进了社会生产力、综合国力和人民生活水平的提高。

相关链接

邓小平说:"一个国家要取得真正的政治独立,必须努力摆脱贫困。而要摆脱贫困,在经济政策和对外政策上都要立足于自己的实际,不要给自己设置障碍,不要孤立于世界之外。根据中国的经验,把自己孤立于世界之外是不利的。"

在新世纪新阶段,我们必须拓展对外开放的广度和深度,提高开放型竞技水平。要把"引进来"和"走出去"更好地结合起来,扩大开放领域,优化开放结构,提高开放质量,完善内外联动、互利共赢、安全高效的开放型经济体系,形成经济全球化条件下参与国际经济合作和竞争的新优势。

我国社会主义现代化建设单靠自身的积累资金,不足以适应国民经济快速发展的需要,因此需要引进外资。改革开放以来,我国引进外资取得了巨大成就。在新形势下,我们要创新利用外资方式,优化利用外资结构,发挥外资在推动自主创新、产业升级、区域协调发展等方面的积极作用。

海尔集团 1997 年在菲律宾建立海外第一家工厂,随后,迅速在中东、北非等地区设厂,1999 年进入美国设厂。现在,海尔成了我国跨国公司的"领头羊"。

你知道哪些"走出去"的中国企业? 这些企业是怎样成功"走出去"的?

为什么要"走出去"?

经过多年的发展,我国"走出去"的条件越来越成熟,要求也越来越迫切。实施"走出去"战略是我国对外开放新阶段的重大举措。从"引进来"到"走出去",意味着我国对外开放发展到了一个新层次。

"走出去",是指通过到境外投资办厂、对外承包工程与劳务输出等各种形式,与其他国家进行经济技术合作。我们要创新对外投资和合作方式,支持企业在研发、生产、销售等方面开展国际化经营,加快培育我国的跨国公司和国际知名品牌。

我国实现对外开放,发展对外经济关系,必须始终坚持独立自主、自力更生的原则。中国是人口众多的发展中的社会主义大国,任何时候都不能依靠别人搞建设,必须把独立自主、自力更生作为自己发展的根本基点。独立自主、自力更生不是闭关自守,不是盲目排外,而是在立足于自身发展的基础上实行对外开放。

第三章

社会主义政治制度

第一节　人民当家做主的
社会主义国家

一、坚持和完善人民民主专政

在我国各级人民政府的门前,悬挂着庄严的中华人民共和国国徽。国徽是一个国家的象征和标志。每当我们看到国徽时,对伟大祖国的崇敬之情油然而生。我国的国徽图案庄严大方、内涵深刻。它由五颗五角星、天安门、齿轮和谷穗构成。天安门象征民族精神,齿轮象征工人阶级,谷穗象征农民阶级;五颗五角星,大的一颗象征着伟大的中国共产党,小的四颗象征着人民大众;四颗小五角星各有一角正对着大五角星的中心,代表着中国共产党领导下中国各族人民的大团结,象征着中国人民在中国共产党领导下掌握了国家权力,成为国家的主人。

我国宪法规定:"中华人民共和国是工人阶级领导的、以工农联盟为基础的人民民主专政的社会主义国家。"这表明我国的国家性质是人民民主专政的社会主义国家。工人阶级是我国的领导阶级,是我国先进生产力的代表,是能够担当民族独立、国家富强和中华振兴领导责任的阶级。农民阶级是工人阶级天然的同盟军,是缔造新中国和建设社会主义的基本力量,工农联盟是我国国家政权的阶级基础。

相关链接

国体,即国家性质,是指社会各阶级在国家中的地位。具体地说,就是国家政权掌握在哪一个阶级手里,哪个阶级是统治阶级,哪个阶级是被统治阶级。统治阶级的阶级性质决定着国家性质。

按照国家性质划分,在人类社会发展的过程中,存在奴隶制国家、封建制国家、资本主义国家和社会主义国家四种类型。前三种类型属于剥削阶级国家,是少数剥削者对广大劳动者的统治。无产阶级通过革命推翻资产阶级的统治而建立的社会主义国家,是广大劳动人民对少数敌人的统治,是新型的国家。

人民民主专政最大的特点是对占全国绝大多数的人民实行民主,对极少数敌视和破坏社会主义事业的敌对分子实行专政。因此,人民民主专政的本质是人民当家作主。

我国民主是新型民主,具有广泛性和真实性的特点。人民民主的广泛性,一是表现在人民享有广泛的民主权利,二是表现在民主主体的广泛性。我国现阶段享有民主权利的主体包括,工、农、知、干、军和其他社会主义劳动者、社会主义建设者、拥护社会主义的爱国者、拥护祖国统一的爱国者。

第十二届全国人大代表构成情况

代表构成	人数(名)	占代表总数百分比	说　明
新任代表	1 960	65.62%	
党政领导干部代表	1 042	34.88%	降低了6.93%
少数民族代表	409	13.69%	
妇女代表	699	23.4%	
工人、农民代表	401	13.42%	提高了5.18%

上述材料表明我国民主有什么特点？

人民民主的真实性,表现在人民当家作主的权利其中有制度、法律和物质的保障。人民能够自己管理国家,也表现在随着经济的发展和社会的进步,广大人民的利益得到日益充分的实现。

相关链接

2012年,在世界各大经济体增长全面减速、各种风险不断暴露的情况下,中国国内生产总值增长7.8%,共扶持229.9万农村贫困残疾人,为86.1万农村残疾人提供实用技术培训,为13.2万户农村贫困残疾人家庭实施危房改造。少数民族贫困地区人民生活不断改善。2005年至2010年,民族8省区贫困人口从2 338.4万人减少到1 304.4万人,贫困发生率从16.5%下降到7%,比全国同期贫困发生率下降幅度快了近5.5个百分点。

事实说明,新中国成立后我国的人权保护取得了显著成就,人权不是空洞的一句话,而是具体的、相对的,它包括政治、经济、文化等很多方面,但最根本的是生存权和发展权,保护人权的根本途径是经济的快速发展和社会的全面进步。

此外,我国制定公民基本权利的法律法规1 000多件。我国公民的民主权利有物质保障,如公民选举所要的经费由政府开支,而西方国家则是个人掏腰包。

在人民民主专政的国家政权中,除了对人民实行民主的职能外,还具有对极少数敌人实行专政的职能。

二、坚持人民民主专政的重要性

坚持四项基本原则(坚持社会主义道路,坚持人民民主专政,坚持中国共产党的领导,坚持马克思列宁主义毛泽东思想)是我国的立国之本。其中,坚持人民民主专政被写入宪法。

坚持人民民主专政是社会主义现代化建设的政治保证。人民民主专政包括对人民的民主和对敌人的专政。从这两方面论述坚持人民民主专政可以充分发扬民主,保障人民当家作主的地位,保障人民享有广泛的权利和自由。坚持专政职能才能打击破坏社会主义建设的敌对势力和敌对分子。维护国家的长治久安。

坚持人民民主专政被赋予新的时代内容。为社会主义经济建设服务,为改革开放创造良好的国际国内环境,依照宪法和法律治国,加强民主制度建设。

中职学生要热爱人民民主专政。我国宪法规定:"中华人民共和国的一切权力属于人民。"保障人民当家作主,建设社会主义现代化强国,是人民民主专政的根本任务。没有人民民主专政就没有社会主义,就没有社会主义现代化,也就没有人民的一切。人民民主专政是中国人民在长期革命斗争中英勇奋斗、流血牺牲换来的,决不允许丧失。同学们热爱社会主义祖国,就要热爱人民民主专政。

中职学生要拥护社会主义民主制度。作为国家的主人,我们应该关心祖国的发展进步。在学校学习期间,必须要重视德育学习,掌握社会主义政治建设的知识,积极参加学校共青团和班级组织的政治活动和民主管理活动,享受民主权利,锻炼参与民主活动的能力,不断提高思想道德素质,努力成为德才兼备的合格接班人。

中职学生要以实际行动拥护人民民主专政。中职学生是高素质劳动者的后备军,走上社会后将成为社会主义现代化的建设者。在学校要认真学习法律知识,掌握法制原则,增强法制观念,养成遵纪守法、依法办事的习惯,履行法律义务,学会用法律手段来维护自己的合法权利。同时要随时随地以实际行动保卫国家的安全、荣誉和人民的利益,为祖国的社会主义现代化建设作出贡献。

第二节　我国的政治制度

一、我国的人民代表大会制度

（一）人民代表大会

我国宪法规定："中华人民共和国的一切权力属于人民。人民行使国家权力的机关是全国人民代表大会和地方各级人民代表大会。"这说明我国政权组织形式是人民代表大会制度。

人民代表大会是国家权力机关。它代表人民统一行使国家权力，决定全国和各级地方一切重大事务。国家的行政机关、审判机关、检察机关都是由人民代表大会产生，对它负责，受它监督。

全国人民代表大会是最高国家权力机关。全国人民代表大会及其常委会行使立法权、决定权、任免权、监督权。全国人民代表大会在我国的国家机构中居于最高地位，其他国家机关的权力都不能超越它。

全国人民代表大会的常设机关是全国人大常务委员会，它由委员长、副委员长、秘书长组成委员长会议，处理全国人大常委会的重要日常工作。

地方各级人民代表大会是地方各级国家权力机关。它是本行政区域内人民行使国家权力的机关，本行政区域内的一切重大问题，都由它讨论决定，并由它监督实施。其与全国人民代表大会一起构成了我国国家权力机关的完整体系。

相关链接

立法权。立法权即制定法律的权力。全国人民代表大会及其常委行使国家立法权。省、直辖市的人大及其常委会可以制定地方性法规,报全国人大常委会备案。

决定权。决定权是宪法和法律赋予各级人大和县级以上各级人大常委会依照法定的程序决定国家和社会或本行政区域内重大事项的权力。

任免权。任免权是各级人大及其常委会对相关国家机关领导人员及其组成人员进行选举、任命、罢免、撤职等权力。

监督权。是指监督宪法和法律的实施,监督"一府两院"工作的权力。

（二）人民代表

我国各级人民代表大会的代表,都是由民主选举产生的。全国人民代表大会的代表是最高国家权力机关的组成人员,地方各级人民代表大会的代表是地方各级国家权力机关的组成人员。他们代表人民的利益和意志,依照宪法和法律赋予的各项职权,行使国家权力。人民代表在自己的生产、工作和社会活动中,协助宪法和法律的实施,与人民群众保持密切联系,听取和反映人民群众的意见和要求,努力为人民服务,对人民负责,并接受人民监督。

相关链接

人民代表产生的方式和任期有两种:全国、省、自治区、直辖市和设区的市、自治州的人民代表大会的代表由下一级人民代表大会选出;县、自治县、不设区的市、市辖区、乡、民族乡、镇的人民代表大会的代表由选民直接选举产生。各级人民代表大会代表每届任期五年。

为了保障人民代表完成行使国家权力的使命,我国宪法赋予他们特有的权力与义务。人民代表的权力主要包括:发言、表决免责权(人民代表在人民代表大会各种会议上的发言和表决,不受法律追究);提案权,即人民代表有权依照法律规定程序,向人民代表大会提出议案;质询权,即人民代表有权根据法律规定的程序,对政府等机关的工作提出质问并要求答复等。人民代表的义务主要包括:模范地遵守宪法和法律;保守国家机密;密切联系群众,经常听取和反映人民的意见和要求;接受选民或原选举单位的监督等。

(三)人民代表大会制度

人民代表大会制度是按照民主集中制原则,由人民选举代表组成人民代表大会作为国家权力机关,统一领导国家事务的政治制度。以人民代表大会为基石的人民代表大会制度是我国的根本政治制度。

我国人民代表大会制度组织和活动的基本原则是民主集中制。民主集中制原则:在民主基础上的集中和集中指导下的民主相结合的制度。

首先,人民代表大会与人民的关系:代表由民主选举产生,对人民负责,受人民监督。人民代表代表人民执行权力。对不称职的代表可依照法律程序罢免

其次,人民代表与其他国家机关的关系:人民代表大会是国家权力机关,国家行政、司法机关都由其产生。对它负责,受它监督。

第三,中央和地方国家机构的关系:中央统一领导,合理划分中央和地方国家机构的职权,充分发挥中央和地方两个积极性。

人民代表大会制度是我国的根本政治制度,人民代表大会制度直接体现我国人民民主专政的国家性质。人民代表大会制度的基本内容包括:国家的一切权力属于人民;人民在普选的基础上选举代表,组成各级人民代表大会作为国家权力机关;由国家权力机关产生其他国家机关,组成国家政权体系,依法行使各自的职权。这一制度是人民当家作主的宗旨的直接体现。它保证了人民群众参加国家管理,逐步实现人民民主专政的历史任务。

人民代表大会制度是适合我国国情的好制度,它同资本主义国家实行的议会制度有本质的区别,具有以下优势。

第一,有利于保证国家权力,体现人民意志。人民不仅有权选择自己

的代表,随时向代表反映自己的要求和意见,而且对代表有权进行监督,有权依法撤换或罢免那些不称职的代表。

第二,有利于保证中央和地方的国家权力的统一。在国家事务中,凡属全国性的、需要在全国范围内做出统一决定的重大问题,都由中央决定;属于地方性的问题,则由地方根据中央的方针因地制宜地处理。这既保证了中央集中统一地领导,又发挥了地方的积极性和创造性,使中央和地方形成坚强的统一整体。

第三,有利于保证我国各民族的平等和团结。依照宪法和法律规定,在各级人民代表大会中,都有适当名额的少数民族代表;在少数民族聚居地区实行民族区域自治,在自治区设立自治机关,使少数民族能管理本地区、本民族的内部事务。

总之,我国人民代表大会制度,能够确保国家权力掌握在人民手中,符合人民当家作主的宗旨,适合我国的国情。因此,我们必须坚持和完善人民代表大会制度。

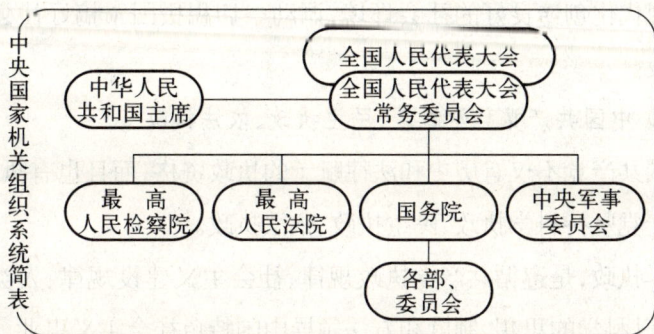

图 12

二、中国特色的政党制度

(一)中国共产党执政:历史和人民的选择

20世纪上半叶,中国出现三种建国方案:一是以北洋军阀、国民党为代表的主张实行地质买办阶级的专政,走半封建半殖民地的道路。二是以中间派、中间人士为代表的主张建立资产阶级共和国,独立发展资本主义的道路。三是以中国共产党为代表的,主张建立工人阶级领导的、以工农联盟为基础的人民共和国。经过新民主主义走向社会主义。人民在革命实践中抛弃了第一方案。第二方案没有得到人民的赞成。第三种方案得到包括民族资产阶级在内的人民群众的拥护。

中国共产党领导和执政地位的确立是历史和人民的选择,是由其性质决定的。中国共产党是工人阶级的先锋队,同时也是中国人民和中华民族的先锋队,从成立起,就为人民的解放和幸福、民族的独立和复兴、国家的繁荣和富强领导全国各族人民进行斗争。它的宗旨是全心全意为人民服务。这就决定了中国共产党在全国各族人民及其事业中的领导地位。

中国特色社会主义事业必须坚持以中国共产党为领导核心,才能保持现代化建设的社会主义方向,才能维护国家的统一和民族的团结,为社会主义现代化创造良好的社会环境,调动一切积极因素搞好社会主义现代化建设。

(二)中国共产党科学执政、民主执政、依法执政

中国共产党不仅有历史和法律赋予的执政资格,而且也有执政能力。中国共产党坚持科学执政、民主执政、依法执政。

科学执政,是遵循共产党执政规律、社会主义建设规律、人类社会发展规律,以科学的思想、制度和方法领导中国特色社会主义事业。民主执政,坚持为人民执政、靠人民执政,支持和保证人民当家作主,坚持和完善人民民主专政、坚持和完善民主集中制,以发展党内民主带动人民民主,壮大爱国统一战线。依法执政,坚持依法治国,领导立法,带头守法,保证执法,不断推进国家经济、政治、文化、社会生活法制化、规范化。

依法执政是中国共产党执政的基本方式,科学执政、民主执政要通过

依法执政体现出来,要靠依法执政来保证实现。

　　(三)中国共产党领导的多党合作和政治协商制度:中国特色的政党制度

名　　称	成立时间	组织成员
中国国民党革命委员会	1948 年 1 月 1 日	与国民党有历史联系的人为主
中国民主同盟	1941 年 11 月	文教和科技界中高级知识分子
中国民主建国会	1945 年 12 月 16 日	经济界人士
中国民主促进会	1945 年 12 月 30 日	文教出版界高中级知识分子
中国农工民主党	1947 年 2 月	医药界高中级知识分子
中国致公党	1925 年 10 月 10 日	归侨和侨眷为主
九三学社	1946 年 5 月 4 日	科技界高中级知识分子
台湾民主自治同盟	1947 年 11 月 12 日	台湾人士

　　我国除执政的共产党外,还有八个参政的民主党派。我国民主党派是作为各自所联系的一部分社会主义劳动者、社会主义事业的建设者和一部分拥护社会主义的爱国者的政治联盟。

　　中国共产党领导的多党合作和政治协商制度,是中国特色的政党制度,是我国一项基本政治制度。

　　中国共产党是执政党,这是我国政党制度的根本前提。中国共产党执政的实质是代表人民掌握人民民主专政的国家政权。各民主党派是参政党,具有法律赋予的参政权,包括参加国家政权,教育国家大政方针和国家领导人选的协商,处于国家事务的管理,参与国家方针、政策、法律、法规的制订和执行。

　　多党合作的政治基础是坚持中国共产党的领导,坚持四项基本原则。中国共产党是国家政权的组织者和领导者,是中国特色社会主义事业的领导核心,只有坚持共产党的领导,各民主党派才能团结协作。中国共产党对民主党派的领导是政治领导,是政治原则、政治方向和重大方针政策的领导。四项基本原则是我国的立国之本。是改革开放和现代化建设的政治保证。共产党与各民主党派合作必须以四项基本原则为政治基础。

多党合作的基本方针是:长期共存,互相监督,肝胆相照,荣辱与共。长期共存是民主党派与共产党都长期存在。互相监督是共产党与各民主党派在平等的基础上相互监督,尤其强调参政党监督执政党。肝胆相照,荣辱与共表明参政党与执政党一起经受考验,共同承担国家和民主盛衰兴亡的责任。

多党合作的根本活动准则:遵守宪法和法律。共产党与民主党派得到宪法的承认和保护,享有宪法规定的政治自由,组织独立和法律地位平等。共产党和民主党派必须遵守宪法和法律,在法律允许范围内开展活动,以宪法和有关法律为准绳,进行民主协商,互相监督。

多党合作的重要机构:中国人民政治协商会议。是在中国共产党领导下,我国各党派共同创立的。人民政协还包括无党派人士,各人民团体,少数民族人士,各界爱国人士,港、澳、台同胞。人民政协围绕团结和民主两大主题,履行政治协商、民主监督和参政议政能力。

相关链接

适合国情,优势显著——我国政党制度的优越性

有利于推进社会主义政治文明建设民主党派参政议政,能及时反映社会各阶层利益和要求。民主党派人士参加国家机关的领导工作,直接参加国家政权和国家事务的管理,推进国家政治生的民主化。

有利于促进社会主义物质文明建设和精神文明建设。民主党派是拥有多学科的人才库,是我国物质文明和精神文明的重要力量。

有利于推动祖国和平统一大业的实现。由于历史原因,各民主党派

和台湾同胞有密切联系,成为大陆和台湾联系的纽带。

我国的国家性质和基本经济制度决定我国不能照搬西方的多党制。主张在我国实现多党制度,实质上是要取消中国共产党的领导和执政地位,后果是人民政权的丧失,社会主义制度的颠覆。

三、民族区域自治制度

(一)处理民族关系的原则:平等、团结、共同繁荣

我国是统一的多民族国家。中华民族是定居在中国土地上所有民族的总称,我国是统一的多民族国家,有 56 个民族,其中 55 个是少数民族。新中国成立后,各民族陆续走上了社会主义道路,铲除了民族压迫和歧视的阶级根源,形成了平等、团结、互助的社会主义新型民族关系。但历史遗留的各民族间的经济、文化发展不平衡依然存在。我国在处理民族关系上坚持民族平等、民族团结和各民族共同繁荣的基本原则。

《宪法》规定,中华人民共和国各民族一律平等。指各民族都是国家的主人,平等地享有政治、经济、文化和社会。如选举权、受教育权、就业权等。从第三届人大起,少数民族在全国人大的代表数目高于少数民族人口在全国人口中的比例。各民族平等地履行应尽的义务。如纳税义务、服兵役、捍卫祖国主权和领土完整。

民族的团结和民族凝聚力的强弱,与一个多民族国家的发展前途有着密切的关系,它是衡量一个国家综合国力的标志之一。各民族的大团结是我国统一、繁荣、昌盛的重要保证。没有民族团结,就没有国家的安定,也就不能集中力量搞社会主义建设,各民族也就失去了依靠而难以发展。因此,加强民族团结,维护国家统一,是中华民族的最高利益,也是各民族的共同愿望。

各民族共同繁荣,是指各民族的政治、经济、教育、科学、文化等都得

到发展,民族素质得到提高。实现各民族的共同繁荣,是由社会主义本质所决定的。

党和政府在财力、物力、人力方面大力支持少数民族地区经济文化等各项事业的发展。特别是改革开放以来,民族地区经济和各项事业有了很大的发展。农业经济全面发展,工业生产持续稳步增长,对外开放有明显突破,人民生活水平继续提高。在经济发展的同时,教育、科技、文化、体育、卫生等各项事业也都得到发展,民族素质得到不断提高。

(二)民族区域自治制度:适合国情的基本政治制度

在国家统一领导下,各少数民族聚居的地方实行区域自治,设立自治机关,行使自治权的制度,在国家统一领导下实行民族自治。各民族自治地方都是中华人民共和国的不可分割的部分,是部分与整体关系。

我国民族自治地方分为自治区、自治州、自治县(包括自治旗)三级。自治区是省一级的民族自治地方,是省一级的行政单位。自治州是设区市一级的民族自治地方,是介于省级和县级之间的行政单位。自治县是县一级民族自治地方,是县一级行政单位。自治地方机关是地方人民代表大会和人民政府。除行使一般地方国家机关的职权同时,享有和行使自治权。自治权是自治机关根据本地方实际情况贯彻执行国家法律、政策,自主地管理本民族自治地方内部事务的权力。自治权的范围根据宪法,民族自治法,范围和内容十分广泛,包括政治、经济、文化和社会生活的各个方面。

民族区域自治是我国解决民族问题的基本政策,是国家的一项基本政治制度。它同人民代表大会制度、多党合作制度构成了我国社会主义民主政治制度的三种形式。

我国实行民族区域自治制度是适合我国国情的选择。我国是统一的多民族国家,具有"大杂居、小聚居"的民族分布特点,决定了我国既不能实行单纯以民族为单位的民族自治,也不能实行单纯以区域为单位的"地方自治"。而是创造性地把民族自治和区域自治相结合,实行民族区域自治。各民族在长期斗争中形成相互依存的民族关系使我国的民族区域自治具有坚实的社会和政治基础。

民族区域自治制度有利于维护国家的统一和安全。民族区域自治是以领土完整,国家统一为基础,国家统一领导和民族区域自治的有机结合,增强中华民族的凝聚力,使各族人民把热爱本民族与热爱祖国的感情结合起来。更自觉地捍卫祖国的统一,保卫边疆。

民族区域自治制度有利于保障少数民族人民当家作主的权利。使民族自治地方充分享有自治权利,自主管理本地区的内部事务,满足了少数民族人民处于国家政治生活的愿望。保障了少数民族人民当家作主的权利。

民族区域自治制度有利于发展我国社会主义民族关系。各民族自治地方以一个或两个以上的民族为主体,统帅包括当地居住的汉族和其他少数民族,这使各民族和干部之间联系更加密切,逐步消除历史遗留的隔阂,有利于发展平等、团结互助的民族关系。

民族区域自治制度有利于促进我国社会主义现代化建设事业蓬勃发展。民族自治地方的自治机关,能密切结合本民族和本地区特点,把少数民族的特殊利益和国家整体利益协调,充分发挥各民族、地区的特长和优势,调动各族人民参加国家建设事业的积极性与创造性。

四、我国的宗教政策

我国宗教主要有佛教、道教、基督教、天主教、伊斯兰教五大宗教。

佛教:2 000多年前由尼泊尔、印度传入,在东汉以前,佛教作为方术,就在皇室中传播。道教也在此时形成,中国人宗教信仰结构上发生了改变。开始了多种宗教信仰并存。

道教:原始道教起于后汉顺帝时期,由张陵创造了五斗米教,宣传原始平等。张角创造了太平教，宣传"苍天已死，黄天当立"思想。晋以后，由葛洪将道教改造为替地主阶级服务的宗教。

伊斯兰教：是在1 300多年前，唐朝时期大规模地传入我国。

天主教和基督教：是鸦片战争后传入我国。

我国各宗教都有爱国主义传统。佛教提出"庄严国土，利乐有情"，道教提出"慈爱和同，济世度人"，伊斯兰教提出"爱国是伊玛尼的一部分"，天主教提出"爱国是天主的诫命"，基督教提出"荣神益人"。

宗教是社会发展一定阶段的产物，有它的产生、发展和消亡的过程。它的存在有自然根源，社会根源和认识根源。在社会主义社会还将长期存在。我国信仰宗教的人，虽然占人口比例不大，但绝对数不小。团结和调动这部分公民积极性，是建设现代化的重要力量。

宗教信仰自由是我国长期的基本政策。宪法规定："中华人民共和国公民有宗教信仰的自由。"内涵是，有信仰，也有不信仰的自由；有信仰这种，也有信仰另一种宗教的自由，有信仰同一宗教内不同教派的自由；有过去不信仰，现在信仰的自由，有过去信仰，现在不信仰的自由。

政府保护正常的宗教活动，保护宗教信仰的自由。这有两个内涵：一是保护信仰宗教的自由，二是保护不信仰宗教的自由。宗教信仰自由是公民的权利，是政府尊重人权的体现，侵犯这一权利，要承担法律责任。

政府依法管理宗教事务。政府对涉及国家利益和社会公共利益的宗教事务进行管理，是为了保护宗教界的合法权益和正常的宗教活动。制止和打击利用宗教进行违法犯罪的活动，抵御境外势力利用宗教进行渗透。

邪教是指冒用宗教旗号，神化首要分子，宣传迷信邪说，蒙骗群众，非法聚敛财物，制造事端进行违法犯罪活动的组织。本质是反人类、反社会、反科学的。

宗教坚持独立自主自办的原则。宪法规定："宗教团体和宗教事务不受外国势力的支配。"任何境外组织和个人不得干预我国的宗教事务。

积极引导宗教与社会主义社会相适应。要求宗教界人士热爱祖国、拥护社会主义制度、拥护中国共产党领导,遵守国家法律、法令。要求宗教界人士从事宗教活动要服从和服务于国家的最高利益与民族的整体利益。支持对教义做出符合社会发展要求的解释。支持他们为民族团结,社会发展和祖国统一做出贡献。

贯彻宗教信仰自由政策,不是鼓励人们信仰宗教。而是要人民科学地对待宗教。弘扬科学精神。建设社会主义精神文明,形成崇尚科学的社会风尚。建设社会主义精神文明就是要对人民进行科学世界观和无神论教育,形成文明、健康、崇尚科学的社会风尚,是建设社会主义精神文明的重要任务。

中学生要接受无神论宣传教育,树立科学世界观。中学生是国家和民族的希望,是社会主义事业的建设者和接班人,肩负着建设社会主义现代化国家和振兴中华的历史使命,我们要用辩证唯物主义和历史唯物主义,现代科学文化知识武装自己,树立科学的世界观、人生观和价值观,成为"有理想、有道德、有文化、有纪律"的社会主义公民。

第四章

参与政治生活

第一节　政治权利和义务

　　我国是人民当家作主的国家，人民是国家的主人，国家权力来源于人民。国家同样赋予了公民广泛的权利和自由。

一、神圣的权利，庄严的义务

　　公民的政治权利和自由，是指公民依法参与国家政治生活、管理国家事务和社会事务、表达意愿的权利和自由。

　　选举权和被选举权。选举权是指公民依法享有选举国家代表机关的代表与其他公职人员的权利，即选举人民代表的权利。被选举权是指公民依法享有的被选举为国家权力机关的代表，即被选为人民代表的权利。

相关链接

　　《选举法》第三条规定："中华人民共和国年满18周岁的公民，不分民族、种族、性别、职业、家庭出身、宗教信仰、教育程度、财产状况和居住期限，都有选举权和被选举权，依照法律被剥夺政治权利的人没有选举权和被选举权"。

依法享有选举权的公民叫做选民。选民对于人民代表候选人可以投赞成票，也可以投反对票，可以另选其他选民，也可以弃权。我国公民行使选举权以及选举程序由法律规定。

宪法规定："中华人民共和国公民有言论、出版、集会、结社、游行、示威的自由。"

政治自由是人民参与国家政治生活，充分表达自己的意愿，行使当家做主权力的重要方式，是社会主义民主的具体体现。

言论自由，就是公民有依照法律规定通过口头或者书面的语言形式，表达和宣传自己的各种思想见解的自由。

出版自由，就是公民有依照法律规定，通过报刊、杂志、书籍、音像等出版物，表达和宣传自己的各种思想见解的自由。这是言论自由的扩展和延伸。

结社自由，就是公民有依照法律规定，为一定的宗旨而组织或者参加某种社会团体的自由。这是言论自由的发展和补充。

政治自由是民主政治的基础。让人民充分表达自己的意愿，参加国家政治生活，敢于讲话，敢讲真话，这也是人民行使当家作主权利的重要方式，是社会主义民主的具体表现。当然，公民的政治自由，并不意味着可以不受任何约束，想干什么就干什么。自由是相对的，政治自由也不例外。世界上没有脱离法律的绝对自由，法律是自由的体现和保障，自由与法律是统一的。因此，公民必须在法律的范围内行使政治自由。

监督权：我国宪法第四十一条规定："中华人民共和国公民对于任何国家机关和国家工作人员，有提出批评和建议的权利；对于任何国家机关和国家工作人员的违法失职行为，有向有关国家机关提出申诉、控告或者检举的权利，但是不得捏造或者歪曲事实进行诬告陷害。"公民的监督权是指公民有监督一切国家机关和国家工作人员的权利。它包括了批评权、建议权、检举权、申诉权和控告权等。

政治义务是指公民应对国家和社会承担的责任。

公民有维护国家统一和民族团结的义务。国家的统一，全国各民族的团结，是我国顺利进行社会主义现代化建设的基本保证，也是实现公民的政治权利和其他权利的重要保证。因此，每一个中国公民，都应当把自己的命运与国家盛衰和民族兴亡紧密联在一起，在享有政治权利的同时，要自觉地履行维护国家统一和民族团结的义务。国家统一和民族团结是我国顺利进行社会主义现代化建设的根本保证。

公民遵守宪法和法律的义务。

公民有维护国家安全、荣誉和利益的义务。维护国家安全、荣誉和利益，是实现国家富强、民族振兴的重要保证，是公民爱国主义精神的具体表现，是每个公民义不容辞的职责。

公民有服兵役和参加民兵组织的义务。《中华人民共和国兵役法》明确规定："中华人民共和国公民，不分民族、种族、职业、家庭出身、宗教信仰和教育程度，都有义务依照本法规定服兵役。"公民履行兵役义务有服兵役、服预备役、参加民兵组织、高级中学和高等院校的学生实施军事训练等四种形式。

二、参与政治生活，把握基本原则

坚持在法律面前一律平等的原则。公民在法律面前一律平等原则，是指公民应平等地享受权利，平等地履行义务和平等地适用法律。

第一，任何公民都平等地享有宪法、法律规定的权利和平等地履行宪法、法律规定的义务。这就是说，公民之间在民族、种族、性别、职业、家庭出身、宗教信仰、教育程度、财产状况、居住期限等方面，虽然存在差别，但是，在享有权利与履行义务方面都一律平等。不允许任何人有超越宪法和法律的特权。

第二，任何公民的合法权利都受到法律保护。这就是说，国家在依法保护公民的合法权利方面，对任何公民都一律平等。

第三，任何公民的违法犯罪行为都受到法律制裁。这就是说，国家在依法实施处罚方面对任何公民都一律平等。

坚持权利与义务统一的原则。在我国，公民的权利与义务是统一的。权利与义务是不可分离的。权利与义务在法律关系上是相对应存在的，公民在法律上既是权利的主体，又是义务的主体。权利的实现要求义务的履行，义务的履行要求权利的实现。我们这样树立权利与义务统一的原则：要树立权利意识，珍惜公民权利。同时，要树立义务意识，自觉履行公民义务。

坚持个人利益与集体利益、国家利益相结合的原则在我国社会主义制度下，国家、集体和公民个人的利益在根本上是一致的。国家为公民着想，依法保障公民权利。公民也应该为国家着想，自觉履行义务，维护国家利益。我们要正确处理个人利益与国家利益的关系，在行使公民权利与履行公民义务时，必须把国家利益与个人利益结合起来。我们要积极履行公民义务，维护国家利益。当个人利益与国家利益发生矛盾时，公民的个人利益必须服从于国家利益。

第二节　关注国际社会

一、丰富多彩的国际社会

主权国家是当代国际社会中最基本的成员。世界上现有国家和地区220多个，其中主权国家有194个，此外还存在着名目繁多、性质各异、数以万计的国际组织，它们共同构成了我们这个丰富多彩的国际社会。

按性质分主要有社会主义国家和资本主义国家；按发展程度分主要有发达国家和发展中国家。中国是发展中的社会主义国家。任何一个国家都是由人口、领土、政权和主权等基本要素构成的，其中，主权是国家的生命和灵魂，是国家存在的最重要因素，它的特征是对内最高性和对外独立性。国际上有些区域，不具有国际社会承认的主权，则被称为地区。

主权国家在国际社会中享有的基本权利有以下几个方面。

一、独立权。指国家拥有按照自己的意志处理内政、外交事务而不受他国控制和干涉的权利。

独立权包括政治上的独立和经济上的独立两重意义。独立权表现在国际法上的地位一律平等的权利。

二、平等权。表现在每一个国家在国际会议上享有一票投票权，任何国家都不得以任何方式强迫他国接受自己的意志，在外交文件上有使用本国文字的权利等。

三、自卫权。指国家保卫自己的生存和独立的权利。

自卫权包括的内容：一是防御，即国家使用自己的一切力量进行国防建设，如建立军队、建筑要塞等，以防外来的侵犯；二是自卫，即当国家受到外国武力攻击时，有权进行武力自卫。

四、管辖权。指国家对其领域内的一切人和物具有管辖的权利。

国家在享有基本权利的同时，应履行不侵犯别国，不干涉他国内政和外交，和平解决国家争端等国际义务。

国际组织也是国际关系的主要参加者。国际组织是指若干国家或社会团体为特定目的，通过条约或协议建立的有一定规章制度的团体。国际组织的主要机构、职权、活动程序，以及成员单位的权利与义务，都以正式条约或协议为依据。

国际社会存在名目繁多、职能各异、规模不一的国际组织。如我们熟悉的联合国、国际奥林匹克委员会、国际学生联合会、东南亚国家联盟等。

国际组织依据不同的标准,可分为不同类型。其中有政治性的、专业性的;也有世界性的、区域性的;还有政府间的和非政府间的。

政治性的国际组织有联合国;专业性的有国际奥林匹克委员会、国际学生联合会等。

世界性的国际组织有联合国、世界卫生组织;区域性的有欧洲联盟、东南亚国家联盟等。

政府间的国际组织有联合国、石油输出国组织;非政府间的有国际红十字会等。

当代国际社会最具代表性的世界性、政府间国际组织是联合国。

1945 年 10 月 24 日,《联合国宪章》生效,联合国宣告成立。后来把 10 月 24 日定为"联合国日"。联合国的主要机构有:联合国大会、安全理事会、经济及社会理事会、托管理事会、国际法院、秘书处等。

《联合国宪章》规定了联合国的宗旨:维护国际和平与安全;发展国际间以尊重各国人民平等权利及自决原则为基础的友好关系;进行国际合作,以解决国际间属于经济、社会、文化及人类福利性质的国际问题;作为协调各国行动的中心。简单地说,就是维护国际和平与安全,促进国际合作与发展。

中国作为联合国的创始国和安理会常任理事国之一,一贯遵循联合国宪章的宗旨和原则,支持按联合国精神所进行的各项工作,支持联合国的改革,积极参加联合国及其专门机构有利于世界和平与发展的活动。

二、当今时代的主题

和平与发展是当今时代的主题。当今世界各国面临着一系列与人类共同命运有关的难题,如人口膨胀、资源枯竭、生态失衡、粮食匮乏、疾病蔓延、毒品贩卖等。这些问题困扰着世界的发展和进步。但是对人类的生存和发展具有决定性影响的全球性问题是和平与发展两大问题。

和平问题是指维护世界和平,防止新的世界战争的问题。和平是人类社会存在和发展的基本条件,和平的维护将给经济发展和其他全球性问题的解决创造一个良好的国际环境。

资料卡

有史以来,战争就像恶魔一样不断吞噬着人类的财富和生命。据专家统计:从公元前3200—公元1964年的5 164年时间里,全世界共发生14 513次战争;其间只有329年处于和平时期。人类在这些战争中付出了惨重的代价,大约有36.4亿人死于战火,损失财富折合成的黄金,可铺成一条宽150千米、厚10米、足可环绕地球8圈的黄金带。20世纪上半叶发生了两次世界大战;先后有几十个国家卷入战争给人类造成空前的劫难。第一次世界大战;33个参战国,于战争中伤亡3 000余万人。其中死亡1 000余万人;经济损失达2 700多亿美元;第二次世界大战有67个国家卷入战火,死亡5 100多万人,造成的巨大物质损失达4万亿美元。

和平是人类世世代代追求不息的理想与目标。和平成为当今时代的主题是指和平具有了现实的可能性。二战后五十多年来,地球上没有爆发新的世界大战,世界维持了总体和平的局面,人们享受了较长时间的和平。因此说二战后,世界和平是主流。

二战后世界维持总体和平局面的主要原因是:第一,饱尝战乱之苦的世界各国人民渴望和平,反对战争;第二,核战争的毁灭性后果,使某些核大国不得不考虑自身的安全而不敢贸然发动战争;第三,经济全球化的发展,国家之间相互依存的程度日益加深,国际上各种力量相互制约,有利于维护世界和平与稳定。

目前,世界的和平局面又是不稳定的。传统安全威胁与非传统安全威胁的因素相互交织,恐怖主义危害上升。霸权主义和强权政治有新的表现。民族、宗教矛盾和边界、领土争端导致的局部冲突此起彼伏。世界仍不安宁,威胁世界和平的隐患依然存在。

据联合国的统计材料二战后 50 多年,全世界共发生了 170 多次军事冲突。造成 2 100 多万人死亡,平均每一个季度都有一次"宣战"或"不宣而战"。近几年来;由于民族矛盾、领土纠纷和宗教纷争引发了海湾战争、波黑战争、车臣战争、非洲的动乱。

世界人民还面临着争取和维护世界和平,防止新的世界大战的艰巨任务。经过世界各国人民的努力,在今后一个较长时期内争取和平的国际环境,避免新的世界大战是可能的。

发展问题是指世界经济的发展,特别是发展中国家经济的发展问题。谋求社会的发展与繁荣是人类永恒的课题。发展成为当今时代的主题,是指发展具有了现实的可能性,二战后,世界发展是主线。战后五十多年来,在相对和平的国际环境中,世界经济出现了空前的大发展,其规模和速度在人类历史上均为罕见。目前,世界经济发展已从追求数量增长转为质量提高,更加重视知识经济和经济可持续发展。

在世界经济总体发展的同时,落后、贫困、危机、债务这些抹不去的阴影又总是与人类相伴随,整个世界的经济形势依然严峻。全球发展的最突出问题是南北发展不平衡的问题,发展中国家面临着发展经济的艰巨任务。

据世界银行 2000 年的材料统计:集中于发达国家的占世界人口 1/6 的人垄断了全球近 80% 的收入;而 63 个发展中国家占世界人口 60%,仅得到世界收入的 6%,人均每天不足 2 美元。

当前,发展中国家的经济发展存在两个严重的问题。第一,外债数额急剧膨胀。发展中国家的外债 1997 年已高达 25 000 亿美元。第二,对外贸易条件恶化。发展中国家出口的原料和初级产品的价格低廉,出口困难,而发达国家出口的工业制成品价格却逐年上升。这种恶劣的贸易条件使发展中国家蒙受了巨大的经济损失。

在当代,某些大国的霸权主义和强权政治,是对世界和平的严重威胁,也是绝大多数第三世界国家在经济上处于极端困难境地的最主要原因。霸权主义和强权政治是解决和平与发展问题的主要障碍。

霸权主义,指大国不尊重弱小国家的主权和独立,蛮横地对别国进行干涉、控制和统治,推行侵略扩张政策,谋求一个地区或世界的霸主地位的行径。强权政治,指超级大国以强凌弱,肆意干涉别国内政,任意宰割别国人民,侵害他国利益的政策和活动。

"强权就是真理",这是霸权主义和强权政治的核心思想,最大限度地追逐利益是某些大国推行霸权主义和强权政治的根本原因。

在当代,由于世界人民强烈反对霸权主义和强权政治,霸权主义和强权政治有了新的表现,手段越来越隐蔽。有些大国、强国依仗强大的军事实力为后盾,在国际事务中对别国施以政治高压、经济制裁和文化侵略等。其主要表现形式有:企图把自己的政治制度、意识形态、价值观念和经济模式强加于人;假借"人权"问题干涉别国内政;在国家关系中,以大欺小,以强凌弱,以富压贫;在国际经济合作中附加种种政治条件,如提出要合作国家实行"政治多元化","私有化"等作为合作的先决条件;在军备控制和军火出售问题上,不允许别国根据国际惯例进行正常的军品贸易,自己却随心所欲地出售武器;在外交关系中,动辄"制裁"主权国家,公然违背联合国宪章和公认的国际关系准则等等。

抑制霸权主义、强权政治,解决和平与发展问题的有效途径是通过建立以世界各国共同利益为基础,并有利于和平与发展的国际新秩序。

三、世界的多极化趋势

在和平与发展成为时代主题的条件下,国际社会处于新旧格局交替之际。随着东欧剧变、苏联解体,第二次世界大战后世界形成的美苏对峙的两极格局被彻底打破。同时,由于国际矛盾复杂多变,世界各种力量在错综复杂的利害关系中重新组合,发展中国家的崛起和大国实力的均衡化使国际格局向多极化转变,世界出现了若干个政治经济力量中心。

美国拥有世界上最强大的综合国力,是当今唯一的超级大国,在军事、经济和科技等方面居世界领先地位,但对国际事务的垄断已力不从心,渐失昔日的霸主地位。

欧洲一体化进程加快。由27国组成的欧洲联盟,其国民生产总值已和美国大体相当。

俄罗斯有巨大的经济、科技潜力和强大的军事力量,其大国地位不容置疑。

第三世界作为一支独立的政治力量,在国际社会中发挥了越来越重要的作用;中国作为人口众多、幅员辽阔的社会主义大国,拥有日益发展的经济力量,综合国力大大增强,国际地位显著提高,在维护世界和平,促进世界经济发展,反对霸权主义和强权政治方面,起着举足轻重的作用。

由于多极化是建立在多种力量相互依存又相互制约的基础上,因此有助于遏制美国搞单极世界并由它来"领导"国际社会的意图,同时也有利于世界和平、稳定、发展和国际关系的民主化。

世界在向多极化发展过程中,一些主要国家都在调整国家目标,力图在急剧变化的世界中,为自己定位。美国极力维护自己的世界唯一超级大国地位;日本和德国正努力跻身于世界政治大国之列;中国坚定地走中国特色社会主义道路,对世界各国做出永远不称霸的庄严承诺,但在世界上要有所作为。世界格局的变化,各国国家目标的调整,形成了国家之间既合作又竞争的局面。当前,西方国家挟知识经济领先的优势向发展中国家展开咄咄逼人的攻势,造成强大压力。而发展中国家正抓住新的发展机遇,迎接挑战。因此,各国之间的竞争越来越激烈。国际的竞争是多方面的,有经济竞争、文化竞争、军备竞争、商业竞争、金融竞争和体育竞争等。当前国际竞争的实质是以经济和科技实力为基础的综合国力的较量。

综合国力是指一个主权国家生存和发展所拥有的全部实力(即物质力和精神力)及国际影响力的合力。它包括政治力(政治决策、动员和组织能力、反应能力)、经济力(国民生产总值、人均国民生产总值、经济构成和经济发展前景)、科技力(科技研究、应用和发展水平、科技人员的状况)、国防力(军队的数量和质量、武器装备、战术技术)、文教力(教育水平和受教育者的素质)、外交力(在国际上的地位、作用、影响、外交上的能力)、资源力(人口的数量和质量、地理位置、气候、资源)七个方面,其中,经济力和科技力已经成为决定性因素。

在当今和未来的世界,经济是基础,科技是龙头。发展经济和科学技术是世界各国最关心的问题,各国之间的竞争越来越多地转向经济和科技领域。当前世界各国,不论其社会制度和发展道路如何,都把主要精力放在国内,都以发展经济和科技作为国家的战略重点,努力增强自己的综合国力,力图在未来的世界格局中占据有利地位。

21世纪国际综合国力竞争达到白热化程度。美国把21世纪定位为维持其"'一超'地位的机遇期";俄罗斯提出未来5年是实现其强国战略的"重大考验期";日本制定了"经济新生计划";欧洲联盟确定了"电子欧洲"的计划;印度制定了"跨越性发展战略";中国确定21世纪前20年是必须紧紧抓住并可以大有作为的"重要战略机遇期"。

发展才是硬道理。在当代世界经济全球化、现代化和国际关系民主化的多重挑战之下,国家强盛是立于民族之林的根本。大力加快我国社会主义现代化进程,全面建设惠及十几亿人口的更高水平的小康社会,增强国家实力,这是我们的基本立足点。当前我们要着力于发展科学技术和提高国民素质,增强综合国力,力争在激烈的国际竞争中掌握主动权。

四、我国的对外政策

一个国家要处理和发展对外关系,必须制定自己的外交政策。外交政策是主权国家对外活动的目标及所采取的方式和手段。

我国的国家性质和国家利益决定着我国的外交政策。我国是社会主义国家。社会主义制度在我国的建立,既消除了我国屈从于外国侵略、奴役的社会根源,也消除了我国侵犯他国的社会根源。维护国家利益是主权国家制定和推行对外政策的依据。我国正在进行的社会主义现代化事业亟需一个和平的国际环境。因而,我国会坚定不移地维护自己的国家利益、主权和领土完整,也绝不侵犯别国的利益、主权和领土完整。上述两个方面决定了我国奉行独立自主的和平外交政策。

我国的国家利益主要包括:安全利益,如国家的独立、主权和领土完整;政治利益,如人民当家作主的地位和政治、经济、文化、法律制度的巩固;经济利益,如资源的利用和经济活动的效益等。

新中国成立,《中国人民政治协商会议》规定了我国外交新政策。毛泽东提出三条外交原则:一是另起炉灶。就是与旧中国屈辱外交彻底决裂。二是打扫干净屋子再请客,就是取消一切不平等的条约。三是一边倒,就是坚定地站在社会主义国家一边。1953～1954年周恩来提出的和平共处五项原则,作为我国对外关系的准则。党的十一届三中全会以后,邓小平提出和平与发展是当代世界面临的两大问题的论断,对我国外交战略进行调整,使我国独立自主的外交政策更加成熟和完善。

我国在对外活动中坚持独立自主的基本立场。独立自主就是在国际事务中坚决捍卫国家的独立、主权和领土的完整。对我国问题自主地决定自己的态度和对策。主要表现在:坚持我国的独立、主权和领土完整,绝不屈服于任何外来压力;坚持我国处理一切对内、对外事务的独立自主权利神圣不可侵犯,绝不允许他国以任何借口侵犯我国主权、干涉我国内政;不依附于任何大国,不同任何大国或国家集团结盟,不搞军事集团,不联合一个国家去反对另一个国家;处理一切国际问题,根据其本身的是非曲直决定自己的态度和政策;尊重他国人民选择符合该国情的社会制度、发展战略和生活方式。

维护世界和平,促进共同发展,是我国外交政策的宗旨。促进世界的和平与发展,是中国人民和世界人民的愿望和根本利益,是时代的要求。

维护我国的主权,安全和发展利益,促进世界的和平与发展是我国外交的基本目标。

和平共处的五项基本原则,是我国对外关系的基本准则。包括互相尊重主权和领土的完整,互不侵犯,互不干涉内政、平等互利,和平共处。独立自主就是在国际事务中坚决捍卫国家的独立、主权和领土完整,对一切国际问题都自主地决定自己的态度和对策。

中国坚持走和平发展之路,积极发展对外关系,努力为我国的改革开放和现代化建设争取有利的国际环境。我们要在和平共处五项原则的基础上发展同世界各国的关系,不断发展和周边国家的睦邻关系,加强同发展中国家的团结合作,我们坚决反对霸权主义和强权政治,永远不称霸。

中国走和路是由以下条件决定的:中华民族历来爱好和平,近代中国饱受列强侵略之苦,中国人民最希望和平。取得了新民主主义革命的胜利,实现了民族独立和人民解放。建立了人民民主专政的国家政权,中国人民掌握了自己的命运。建立了社会主义制度,实现了最广泛、最深刻的社会变革。

开创建设中国特色社会主义事业,为实现中华民族的复兴开辟了道路。建立了独立且较完整的国民经济体系,经济实力和综合国力显著增强。

锻造了一支在党领导下的人民军队,建立起了巩固的国防。

参 考 文 献

[1] 沈越,张可君. 经济政治与社会[M]. 北京：北京师范大学出版社，
    2009.
[2] 张雷生,王树春. 经济政治与社会[M]. 北京：中国财政经济出版社，
    2009.

参考文献

[1] ...... [M]. ...... 2009.

[2] ...... [M]. ...... 2001.